Linde von Keyserlingk

Geschichten gegen die Angst

Linde von Keyserlingk

Geschichten gegen die Angst

Herder Freiburg · Basel · Wien

Dieses Buch erscheint in der Reihe
„Geschichten für die Kinderseele".

Gedruckt auf umweltfreundlichem,
chlorfrei gebleichtem Papier

Einbandillustration: A Little Child, 1888 (oil on canvas)
by Sir George Clausen (1852–1944)
City Art Gallery / Leeds Museums & Galleries /
Bridgeman Art Library, London / New York
© Jane K. Smith

Alle Rechte vorbehalten – Printed in Germany
© Verlag Herder Freiburg im Breisgau 1999
Satz: DTP-Studio Helmut Quilitz, Denzlingen
Druck und Bindung: Freiburger Graphische Betriebe 1999
ISBN 3-451-26783-7

Inhalt

Angst vor dem Unbekannten in und außerhalb von uns

Angst, nicht geliebt zu sein, nicht dazuzugehören

Unerfindliche Ängste

„Ich glaube, daß die Phantasie stärker ist als das Wissen;
daß der Mythos überzeugender ist als die Geschichte;
daß Träume mächtiger sind als Tatsachen;
daß die Hoffnung immer über die Erfahrung triumphiert;
daß das Lachen das einzige Heilmittel für den Kummer ist;
und ich glaube, daß die Liebe stärker ist als der Tod." *

Vom konstruktiven Umgang mit Angst

(Einleitung)

Wer keine Angst hat, kann auch nicht mutig sein. Angst gehört zum Menschen dazu und macht ihn menschlich. Sie bereitet wichtige Entwicklungsschritte vor, erzeugt Bindungs- und Fürsorgeverhalten. Sie ist eines unter vielen Lebensgefühlen. Nimmt sie überhand, so legt sie alle anderen Gefühle lahm und hat ihren Sinn verloren.

Wie wenig wissen wir immer noch über die Entstehung, Aufbewahrung und Verarbeitung von Furcht und Angst, obwohl so viel darüber geforscht wurde. Eines aber ist gewiß: Der Satz: „Du brauchst keine Angst zu haben!" ist ganz und gar unsinnig und eigentlich ein Verrücktmacher. Denn damit sagt man auch: „Du kannst deinen Sinnen und Gefühlen nicht trauen." Ja, wem und was denn dann?

Deshalb ist es so wichtig, die scheinbar kleinen Kinderängste nicht mit einem: „Ach, das ist doch nicht so schlimm" abzutun, sondern eine hilfreiche Hand auszustrecken und dem Kind durch Ernstnehmen Sicherheit zu vermitteln. Nur so kann es lernen, die Angst zu bewältigen.

---

* Fulgham, R.: Alles, was du wirklich wissen mußt, hast du schon als Kind gelernt. München 1989.

Jedes Problem geht mit Angst einher, sie ist daher immer ein Signal. Wird sie übermächtig, so verhindert sie die Problembewältigung, ja wird selbst zum Problem, zum Beispiel, wenn sie sich in Aggression verwandelt, auf Körpersymptome übertragen wird oder zu völliger Lähmung und Rückzug führt.

Jeder Mensch erlernt Verhaltensmuster, die ihm zur Angstbewältigung dienen. Er lernt sie durch Nachahmung und eigenes Ausprobieren. Manche sind hilfreich, manche sind einerseits hilfreich, andererseits im sozialen Bereich sehr hinderlich, wenn es zu Neurosenbildung kommt. Niemand lernt für sich allein. Das Wissen, daß da jemand ist, der zuhört, tröstet und mitfühlt, zu dem man gehört und von dem man gehört wird, ist die größte Hilfe bei der Verarbeitung von Angst.

Diese Hilfe können wir unseren Kindern geben, auch wenn wir die Bedrohung von außen und von innen nicht von ihnen fernhalten können, wie wir es so gerne täten. Den Umgang mit den Signalen der Angst zu lernen, zu verstehen, wofür dieses Signal in den verschiedenen Situationen steht, ist also wichtiger, als solchen Problemen aus dem Weg zu gehen. Kein Haus kann man spinnenfrei halten, und es gibt kaum eine Schule ohne Mathematikarbeiten.

Das fängt bei scheinbar kleinen Ereignissen an. Jede Familie kennt die – oft als Unart angesehene – Angst vor dem Einschlafen. In ihr spiegeln sich die Grundängste der Menschheit; die Angst vor dem Unbekannten, dem Verloren- und Vergessensein und letztlich dem Tod. Sich ganz allein dem Schlaf anzuvertrauen, der einem die Kontrolle über sich selbst und die Beziehung zu den Eltern nimmt, kann sehr ängstigen. Aber wie das in Worte kleiden? Das Kind sagt: „Da ist ein Monster, das will mich verschlingen." Eigentlich ein treffendes Bild. Aber eben ein Bild, dem man nur „bildhaft" begegnen kann. Dahinter steht die Trennung, deren Ende das Kind nicht absehen kann, und die Angst, daß alles verschwindet, so wie die Dinge im Dunkeln scheinbar verschwinden. Ein kleines Kind dachte, daß Teddy, Kaspar und Puppe sofort anfangen würden zu reden und zu spielen, wenn es eingeschlafen sei. So füllte es in seiner Phantasie das „Schwarze Loch" der Nacht mit Leben und tröstete sich unbewußt selbst. Einem anderen half es, sich ein Traummännchen vorzustellen, bei dem man sich schöne Träume aus seinem Korb aussuchen kann. Das heißt, auch in der Nacht geht das Leben weiter, für die Kinder und die Vöglein im Nest, „bis der Morgen sie weckt". Abendlieder und Abendgebete dienen dazu, das Vertrauen in die Schutz- und Hilfsbereitschaft der Erwachsenen zu stärken und langsam zu lernen, sich in der Schöpfung geborgen zu fühlen. Angstbewältigung hilft zu wachsen und stärkt die eigene Kraft. Unbewältigte oder verleugnete Ängste verhindern dagegen eine gesunde Entwicklung.

Angst fühlen wir zuerst mit unserem Körper. Angstreaktionen sind mit unserer Instinktausstattung verbunden. Die Reaktionen sind bei allen ähnlich: Die aufgerissenen Augen und erweiterten Pupillen, Gänsehaut und Schweißausbrüche, der Puls rast, der Mund wird trocken, wir zittern und müssen aufs Klo. Das Blut schießt aus dem Kopf und in die Muskeln. Wir können nicht mehr klar denken, uns wird schwarz vor Augen, wir bringen kein Wort heraus, keinen Bissen herunter.

Angst ereignet sich bei Tieren als Reaktion auf mit den äußeren Sinnen wahrgenommene Reize. Menschen reagieren darüber hinaus auch auf innere oder erdachte Reize:

Zwei kleine Jungen spielen miteinander; der eine will vom anderen etwas haben, was der nicht hergeben will.

„Wenn du das nicht machst, dann schmeiß ich dich in eine Löwengrube. Da sitzen lauter Löwen, die brüllen ganz laut und beißen dann", sagt der eine.

Entsetzt fängt der andere an zu weinen und zu schreien.

Auf ein Löwenjunges macht es keinen Eindruck, wenn Mama ihm vom bösen weißen Mann erzählt. Es muß ihn sehen und hören und riechen, ehe es auf ihn reagiert. Da sind die Löwenjungen besser dran.

Menschen haben hingegen die Macht, mit ihren Geschichten vom „schwarzen Mann" bei ihren Kindern viel zu bewirken. Das ist bedenklich. Andererseits liegt in der Fähigkeit, Geschichten zu erzählen und neue Wirklichkeiten zu erfinden, gerade die größte und eine heilende Gabe der Menschen. Die narrative Psychotherapie sieht in der Fähigkeit zur gedanklichen Konstruktion teilweise erdachter Lebensgeschichten, die das Selbst des einzelnen als Helden darstellen, eine heilende Wirkung. Sie führt zur Vergangenheitsbewältigung und neuer Sinnfindung für die Zukunft. Der Mensch, das Kind wird zum Mitgestalter seines Lebens und bleibt nicht Opfer.

Dazu bedarf es manchmal einer Therapeutin oder eines Therapeuten. Aber alle Menschen haben die Fähigkeit, zu erzählen oder vorzulesen und mit ihrer körperlichen Nähe, ihrer Stimme und einfach durch ihr Dasein Streß zu mindern und Vertrauen zu fördern. Daß alle Kinder unseres besonderen Schutzes bedürfen, scheint so selbstverständlich und wird doch oft so gröblich mißachtet. Manche Kinder leben mitten in unserem friedlichen Land wie im Krieg und tragen schwere körperliche und seelische „Kriegsverletzungen" davon. Hier geht es aber in allererster Linie nicht um Angstbewältigung oder Angstertragen, sondern um Schutz vor Gewalt. Welche Überlebensstrategien solche Kinder entwickeln und wie leicht Kinder bereit sind, aus Liebe zu ihren Eltern Opferrollen zu übernehmen, das ist ein ganz eigenes Kapitel. Dies sind Realängste, die mit einer normalen Entwicklung nichts zu tun haben.

Kinder haben wenig Vorerfahrung in ihrem kurzen Leben. Darum erscheint ihnen die Zukunft oft unbegreiflich düster, unkontrollierbar, unveränderbar und an die Vergangenheit gekettet. Unsere Aufgabe ist es, ihnen Alternativen zugänglich zu machen, ihnen zu erklären, was alles vielleicht noch nicht ist, aber in Zukunft sein kann.

Ihren Phantasiebereich, ihren Handlungsspielraum Schritt für Schritt zu erweitern, viele Geschichten von „Es war einmal" und „Es wird einmal" zu erzählen, in denen die Kinder sich mit der Heldin und dem Helden identifizieren können, dazu will dieses Buch eine Hilfe sein. Wir lernen unser Leben lang dazu, aber neueste Forschungen bestätigen, daß die emotionalen Grundmuster durch die neuronalen Verschaltungen im Gehirn in der frühkindlichen Entwicklung des Menschen gebildet werden und erhalten bleiben. Wir nehmen die Welt mit unseren Sinnen wahr. Aber wir verarbeiten diese Wahrnehmungen mittels Sprache. Ob diese frühen Gefühlsmuster Vertrauen in sich und andere, Glauben, Liebe und Dazugehörigkeitssinn beinhalten oder zu Aggression, Haß, Suchtverhalten und Vereinzelung führen, das sollten wir nicht dem Zufall überlassen.

Alle Erwachsenen im Umkreis von Kindern, nicht nur die Eltern, können etwas dazu beitragen, daß Kinder nicht glauben, sie müßten immer den „großen Macker" spielen, um anerkannt zu werden, oder verstummen, um zu überleben. Sie sollen einen Raum vorfinden, in dem sie sich zuweilen auch hilflos, ängstlich und verletzlich zeigen dürfen und mit Trost und Ermutigung rechnen können, statt mit Demütigungen. Das wäre eine wahrhaft menschliche Gesellschaft. Wenn wir diesen Gedanken weiterverfolgen, ist er auch politisch sehr relevant. Alles Leben, alle lebenden Systeme fangen sehr klein und unscheinbar an und beinhalten doch schon große Wirkung. Was wir morgen ernten wollen, müssen wir heute gesät haben.

Liebe Kinder!

Ihr habt bestimmt alle schon mehr als einmal Angst gehabt. Ich auch. Und wer noch nie Angst hatte, dem geht es wie „einem, der auszog, das Fürchten zu lernen". Wir brauchen sie nämlich, die Angst, denn sie ist so etwas wie eine Warnanlage, wenn Gefahr droht. Manchmal gibt's einen Kurzschluß, und dann schrillt die Warnanlage immerzu, bis einer kommt und sie abstellt.

Wir zeigen unsere Angst ja nicht so gerne. Weil dann nämlich die anderen rufen: „Angsthase, Pfeffernase". Und dann genieren wir uns, weil es bedeutet, daß uns die anderen für klein und schwach halten. Und wer will das schon gerne sein?

Allerdings gibt es in der ganzen Welt Däumlingsgeschichten, in denen ein kleiner Kerl mit Witz und Verstand zum Ziel kommt und nicht mit Gewalt. Dabei hat man dann immer noch was zu lachen, weil Riesen sich so sicher sind und dadurch leicht in eine Falle gelockt werden können. Däumelinchen gibt's auch. „Kleine Frau, ganz groß!" kann man da nur sagen.

Manchmal ist es wirklich klüger, seiner Angst zu folgen und wegzurennen. Das werdet Ihr auch schon gemerkt haben. Wenn ein Baum umfällt, eine Sturmflut kommt oder ein großer Junge, der zehnmal so stark ist wie man selbst, dann ist es wirklich gescheiter, wegzulaufen, anstatt den Helden spielen zu wollen und dann doch nicht zu können.

Und wie ist es mit der Angst vor den unsichtbaren Sachen? Den komischen Geräuschen in der Nacht, dem Alptraum, dem Krankenhaus?

Wenn Mutter mal weggehen will oder Vater nicht nach Hause kommt? Wenn man fürchtet, daß niemand einen liebt, oder glaubt, daß man nichts kann?

Mit all diesen Gedanken und Fragen soll man nicht allein bleiben. Denn wenn man das tut, wird es nicht besser, und man kriegt leicht das Gefühl, daß es nur einem selbst ganz allein so geht. Aber das stimmt nicht. In diesem Buch gibt es viele Geschichten von Kindern, die irgendeine Angst haben, die Ihr vielleicht auch schon mal gehabt habt und für die es eine befriedigende Lösung gibt.

Redet also bitte mit Euren Eltern, Erziehern und Erzieherinnen, Lehrern und Lehrerinnen oder Großeltern, Tanten und Onkeln darüber. Sie haben vielleicht einen guten Rat für Euch. Manchmal geht es einem auch schon besser, wenn jemand zuhört.

Wenn Ihr selbst mal eine gute Erfahrung gemacht habt, wenn Ihr für Euch herausgefunden habt, wann Ihr mutig aufstehen solltet und wann besser nicht, dann merkt Euch das und erzählt es jemandem, der es noch nicht weiß. Ihr kennt doch sicher dieses Lied:

Wenn einer sagt: „Ich mag dich, du,
ich find' dich ehrlich gut!",
dann krieg' ich eine Gänsehaut,
und auch ein bißchen Mut.*

Zusammen sind wir nämlich am stärksten und mutigsten.

Eure Linde

---

* Kindermutmachlied (1. Strophe), Text und Melodie: Andreas Ebert; © Hänssler-Verlag, D-71087 Holzgerlingen.

Nachtängste

Woher die dunkle Nacht kommt

Nadja hatte etwas, das viele Kinder haben, nämlich Angst vor der Dunkelheit. Das war schlimm für sie, denn sie konnte eigentlich abends überhaupt nicht einschlafen. Vater, Mutter und Geschwister hatten schon alles versucht, um ihr zu helfen. Sie sangen, sie ließen die Tür zum hellen Flur offen, sie ließen eine Nachtlampe im Zimmer an, sie kochten Schlaftee, und sie machten Schlafmusik. Nichts half. Nadja hatte immer noch Angst, einzuschlafen und dann im Dunkeln verlorenzugehen. Schließlich schliefen dann alle einfach vor Erschöpfung ein. Aber da war es schon weit nach Mitternacht, und das war ja kein Leben. Tat man aber gar nichts und ließ Nadja allein in ihrem Zimmer, weinte sie so lange und so herzerweichend, daß das niemand aushalten konnte.

Von dieser Sache erfuhr Onkel Gabriel. Er war alleinstehend, ein Wunderling, wohnte ganz allein in einem kleinen Haus im Hunsrück. Den ganzen Tag las er in Büchern oder schrieb selbst welche. Sein Häuschen sah aus wie ein alter Buchladen.

Dieser Onkel Gabriel machte sich auf die Reise, um seine Nichte Nadja zu besuchen. Er hatte ihr etwas mitgebracht, einen Plüschpinguin, groß und kuschelig.

„Das ist nett", sagte die Mutter. „Aber mit Kuscheltieren haben wir es auch schon versucht." Onkel Gabriel ging darauf gar nicht weiter ein.

Als es dunkel wurde, fragte er, ob die Familie nicht mal einen freien Abend haben wolle. Er würde mit dem Pinguin bei Nadja bleiben.

„Ich kann aber überhaupt nicht schlafen!" rief Nadja sofort. Und Onkel Gabriel sagte: „Wer spricht denn von schlafen? Du, ich und der Pinguin, wir unterhalten uns ein bißchen."

Na gut, wenn Onkel Gabriel sich opfern wollte… Die Familie besuchte Freunde. Aber kaum waren sie da angekommen, schliefen auch schon alle ein, so übermüdet waren sie.

Nadja hingegen saß putzmunter und aufrecht in ihrem Bett, lutschte am Daumen und hörte dem Pinguin zu. Der konnte freilich nicht selbst reden. Darum mußte es Onkel Gabriel für ihn tun.

„Liebe Nadja", fing er an. „Stell dir doch einmal vor, wie es wäre, wenn es keine dunkle Nacht gäbe. – Ja, ja. So fing nämlich alles an. Die Schöpfung sprach: Es werde Licht. Und gleich sprang die goldgelbe Sonne wie ein Eidotter aus dem Weltenei. So erzählen es sich jedenfalls die Pinguine. Denn bei uns kommt alles Leben aus dem Ei. Die Sonne erfüllte die ganze Welt mit ihrem Glanz. Die Erde wurde grün, wurde bunt und belebt mit allerlei Pflanzen, Tieren und Menschen. Die Blumen blühten, die Vögel sangen und tirilierten, die Kinder spielten, und die Erwachsenen gingen ihrer Arbeit nach. Und immerzu schien die Sonne.

Aber wie lange kann ein Kind spielen, ein Vogel singen, ein Mensch arbeiten? Wie lange erträgt die Erde das immerwährende Sonnenlicht? Die Meere trockneten aus, und es entstanden Stein-, Sand- und Salzwüsten. Die Pflanzen verdorrten, und die Tiere verkrochen sich unter die Erde.

Auch die Menschen litten unter der sengenden Helligkeit. Einige waren schon gelb, braun oder schwarz gebrannt. Andere krochen nach dem Vorbild der Tiere unter die Erde, wo sie weiß wie Engerlinge blieben. Wenn keine Hilfe käme, war abzusehen, wann jede Kreatur unter die Erde kriechen müßte, um nicht vom ewig gleißenden Sonnenlicht verbrannt zu werden.

Irgend jemand mußte sich an die Schöpfung wenden, um Hilfe zu erbitten. Aber wer sollte das sein? Wer könnte klug, würdevoll und zugleich ehrerbietig genug sein, um diesem hohen Wesen gegenüberzutreten?

In aller Bescheidenheit, liebe Nadja, möchte ich bemerken, daß dafür tatsächlich nur ein einziger in Betracht kam, nämlich mein Vorfahre, der Pinguin, der mit dem Frack und den guten Manieren.

Er war es, der vor der Schöpfung die Nöte und Sorgen der Kreaturen darlegte und in aller gebotenen Dringlichkeit und Bescheidenheit um Abhilfe bat.

Die gütige Schöpfung hatte ein Einsehen. Sie holte aus den Tiefen der Ozeane die kühle Nacht hervor, die dort seit Ewigkeiten geschlafen hatte.

Als die Nacht zum ersten Mal ihren Mantel über die Erde breitete, verschwand das Licht. Die Menschen erschraken und fielen um wie tot. Die Erde aber atmete auf und genoß die Kühle. Mutter Nacht hatte Mitleid mit den Pflanzen und der verkrusteten Ackerkrume. Sie netzte alles mit Morgentau, bevor sie wieder in der Tiefe des Ozeans verschwand. Mit den Tautropfen gab sie der Welt die Tränen, die den Schmerz lindern.

Als endlich die Sonne wieder aufging, erhoben sich die Menschen und fanden zu ihrem Erstaunen alle Natur frisch und lebendig. Als die Nacht zum zweiten Mal kam, fielen auch die Menschen nicht mehr um wie tot. Sie legten sich auf einen weichen Platz und ruhten sich aus. Dieses Ausruhen in der dunklen Nacht, das wie Totsein, aber doch nicht der Tod war, nannten sie nun Schlaf. Damit auch die letzten ihre Angst vor dem Schlaf verlieren sollten, schenkte ihnen die Nacht bunte Träume.

Im Wechsel von Tag und Nacht erkannten die Menschen die Zeit.

‚Seit drei Nächten habe ich dich nicht zu Gesicht bekommen‘, sagten sie; oder: ‚Für diese Arbeit hast du Zeit, bis es Nacht wird.‘ Anfangs zählten die Menschen die Nächte und nicht die Tage. Und heute noch reden wir auch von Monden, den Monaten, und nicht von Sonnen. Die Engländer sagen sogar ‚fortnight‘, was vierzehn Nächte heißt und nicht vierzehn Tage.“

An dieser Stelle hielt Onkel Gabriel inne. Es schien ihm, als ob Nadja eingeschlafen sei. Aber sofort setzte diese sich wieder hin und rief: „Ich bin noch wach, ich bin noch wach.“

Onkel Gabriel gab ihr den Pinguin in den Arm, und der erzählte weiter:

„Aber wie immer gab es unter den Menschen auch Unzufriedene. Denen dauerte die Nacht zu lang. Also wollten sie Licht in das Dunkel bringen. Sie versuchten auf allerlei Weise das Tageslicht einzufangen, um es dann nachts zu benutzen. Sie füllten es in Säcke, fingen es mit Mausefallen oder sperrten es in fensterlose Zimmer. Alles ohne Erfolg. Da warf die Schöpfung Blitze herab und schenkte ihnen so das Feuer. Die Menschen füllten es in runde Gefäße ab. So machten sie kleine Sonnen, die sie Lampen nannten. Aber das Feuer mußte gefüttert werden, mit Öl, mit harzigen Spänen oder mit Wachs. Wieder waren die Menschen unzufrieden. Diesmal über die Gefräßigkeit des Feuers in ihren kleinen Sonnen.

Die Schöpfung war geduldig. Sie wies einem Erfinder namens Edison den Weg zur Erfindung einer kleinen Sonne, die weder Öl noch Wachs brauchte, sondern mit etwas gefüttert werden konnte, das er Elektrizität nannte. Jetzt konnte, wer unbedingt wollte, sich die Nacht zum Tage machen. Ob das ein Vorteil ist, möchte ich bezweifeln.

Vielleicht waren hell und dunkel die ersten Gegensätze, die den Menschen bewußt wurden. Leider saß ihnen der Schock, den sie beim ersten Erscheinen der Nacht erlitten hatten, noch tief im Gemüt. Noch oft fürchteten sie, die Nacht könne auf ewig das Licht getötet haben. Es half ein wenig, daß die Nacht einen Spiegel an ihren dunklen Himmel heftete, in dem sich die Sonne spiegeln konnte, um zu zeigen, daß sie immer noch da war. Du weißt, wie dieser Spiegel heißt, nämlich Mond. Zwar freuen sich die Menschen an ihm, aber ihre Angst sitzt tief. Darum wollen die Kinder, die diese Geschichte nicht kennen, auch abends nicht einschlafen. Auch die Erwachsenen kuscheln sich nachts besonders eng aneinander, um ihre uralte Angst vor der Dunkelheit zu vergessen.

Nur wir Pinguine, das darf ich in aller Bescheidenheit sagen, wir teilen diese Angst nicht. Wir lieben die Nacht genauso wie den Tag. Darum hält die Nacht sich wohl auch länger bei uns am Südpol auf als bei den Menschen. Sie nennt sich dann ganz vornehm ‚Polarnacht‘. Von ihr weiß ich, daß Tag und Nacht Geschenke der Schöpfung sind. Denn wenn es keine Dunkelheit gäbe, dann säßen wir jetzt alle wie die Maulwürfe unter der Erde. Und das wäre doch ein Jammer.“

Mit dem Pinguin im Arm war Nadja eingeschlafen. Wann, konnte Onkel Gabriel gar nicht mal genau sagen. Erst am nächsten Abend erfuhr er, bis wohin Nadja zugehört hatte, und er erzählte ihr das Ende noch einmal. Dann fuhr er wieder zu seinen Büchern in den Hunsrück. Der Pinguin blieb da.

Nadja und er verbrachten noch unzählige schöne Abende miteinander und waren froh, wenn sie niemand dabei störte.

Monster Silberzahn

Torven war fünf Jahre alt.

„Kennst du Monster?" fragte er mich.

„Selbstverständlich kenne ich Monster. Sie wohnen im Meer oder im Ozean."

„In welchem?" fragte Torven.

„Och, so ziemlich in jedem. Das berühmteste Monster wohnt in einem See. Loch Ness heißt der."

„Wie kommt dann aber das Monster aus dem Meer raus und in meinen Traum rein?" wollte Torven jetzt wissen.

„Ah", sagte ich. „Du bekommst also Besuch."

„Besuch? Na danke. Ich erschreck' mich immer zu Tode. Da bin ich froh, wenn ich gerade noch nach Mama rufen kann. Warum machen die Monster das?" Torven war richtig empört.

„Sie steigen aus den Tiefen des Meeres auf. Dort, wo vor langer, langer Zeit einmal die Angst versunken ist. Die Monster wollen die Angst auch nicht behalten. Darum geben sie sie an jemand anderen weiter. Zum Beispiel an dich."

Torven machte ein sehr erstauntes Gesicht. Daß die schrecklichen Monster so schrecklich taten, weil sie selbst Angst hatten, daran hatte er nie gedacht.

„Aber irgendwie ist das gemein", sagte er. „Kann man da nichts machen?"

„Freilich kann man da etwas machen. Die Monster kommen nämlich nicht nur des Nachts aus dem Meer, sondern auch am Tage. Sie liegen dann am Strand und sonnen sich."

„Ne", sagte Torven entschieden. „Also, das wüßte ich. Und da würden doch auch alle Leute hier davon reden."

21

„Das stimmt", sagte ich. Denn in so einem kleinen Fischerdorf wie dem unseren blieb natürlich nichts lange verborgen. „Aber die Monster sind ja nicht blöd. Sie tarnen sich natürlich als Schwemmholz. Manchmal liegt viel rum, manchmal wenig. Das wirst du doch auch schon bemerkt haben."

„Und das sind alles Monster, die sich sonnen?"

„Nein, nur die Hölzer, die ein Auge haben."

Jetzt wurde Torven neugierig und wollte mit mir an den Strand gehen.

„Wie heißt eigentlich dein Monster?" fragte ich. Torven wußte es nicht. Ich bat ihn, sich genau vorzustellen, wie das Monster das letzte Mal da war. Und dann sollte er ihm einen passenden Namen geben. Torven dachte nach.

„Schinox", sagte er dann. Ein schrecklicher Name!

Dann gingen wir zusammen zum Strand. Die Wellen waren hoch, aber die Sonne schien.

„Ein richtiges Monsterwetter", sagte ich.

Wir betrachteten eingehend alle Schwemmhölzer, große und kleine, die das Meer ans Ufer gebracht hatte. Und siehe da: Drei von ihnen hatten ein Auge.

„Dies hier sieht fast wie Schinox aus. Nur viel kleiner", sagte Torven. Er wollte es nicht anfassen. Aber ich nahm es beherzt in die Hand und wickelte es in mein Badetuch. Auf dem ganzen Weg nach Hause passierte nichts Außergewöhnliches.

Jetzt holten wir unsere Malkästen hervor und fingen an, das Monster anzumalen. Schinox hielt ganz still. Wir malten seinen Bauch hellblau an. Irgendwie fühlte er sich gebauchpinselt, denn sein breites Maul verzog sich bei näherem Hinsehen zu einem Lächeln. Sein Auge umrandeten wir silbern, seine Schnauze machten wir schwarz, seinen Rücken knallgrün und seine Haare dunkelbraungrün. Torven wurde immer mutiger. Als wir das Maul des Monsters rot ausgemalt hatten, malte Torven ihm zwei Reihen silberner Zähne hinein. Das sah vielleicht aus!

Nun war das Monster fertig und schaute so stolz in die Welt, daß Torven ihm noch eine kleine Krone ins wirre Haar malte. Er hatte nämlich auch Gold in seinem Malkasten.

Niemand kann sich vorstellen, wie glücklich Schinox war. Einmal in seinem langen Monsterleben bekam er so viel Beachtung, ohne gräßlich sein zu müssen. Bei Kakao und Kuchen sprachen wir von seinen und unseren Ängsten. Am Abend brachten wir ihn zum Strand zurück und warfen ihn ganz weit ins Meer, so weit wir konnten.

Viele Nächte ließ Schinox sich nicht mehr blicken. Aber eines Nachts hörte Torven ihn wieder ganz gräßlich mit den Zähnen klappern. Torven setzte sich im Bett auf und lachte.

„Dein silbernes Gebiß gefällt dir wohl, was", sagte er.

Und Schinox grinste über sein ganzes wohlbekanntes Monstergesicht.

Das Ungeheuer

Eines Abends saß Oma da und stickte. Nach einer Weile bemerkte sie, daß ihre Enkeltochter sorgfältig vermied, aus dem Lichtkegel der Tischlampe herauszukommen und in den Schatten der dunkleren Zimmerecken zu treten.

„Was ist denn mit dir?" fragte sie schließlich.

„Schscht", machte Lale und legte den Zeigefinger auf den Mund.

„Da in der Ecke sitzt ein Ungeheuer."

„Na sowas!" sagte Oma. „Davon hab' ich ja gar nichts gewußt. Dann wollen wir doch gleich mal nachsehen." Sie nahm die Tischlampe hoch und leuchtete in alle Ecken. Aber kein Ungeheuer war zu sehen.

„Ja, jetzt am Tage", sagte Lale zögerlich. „Aber nachts, da solltest du es mal sehen!"

„Ich verstehe", sagte Oma und nahm ihre Brille ab. „Erzähl mir mal, wie es aussieht und was es macht, damit ich's erkenne, wenn ich ihm mal begegne."

„Wenn ich nachts durch die Wohnung gehe…", fing Lale an.

„Du gehst nachts durch die Wohnung?" Da mußte sich Oma doch wundern.

„Das ist im Traum", erklärte Lale. „Da sitzt das Ungeheuer da in der Ecke. In der da. Dann versuche ich, mich ganz schnell, ganz an der andern Wand lang an ihm vorbeizudrücken. Aber das Ungeheuer kommt hervor und schnappt nach mir. Mit seinem riesigen Maul schnappt es nach meinem Nachthemd. Es ist ein schwarzes Ungeheuer, nur Maul. Furchtbar. Ganz böse Augen hat es auch noch. Da tut es so, als ob es schläft. Aber dann schnappt es plötzlich zu."

„Und dann?" fragte Oma interessiert. Lale wunderte sich, daß es ihr nicht grauste.

„Dann will es sich gerade in meinem Nachthemd festbeißen. Und … und dann wach' ich auf und hab' ganz arg Angst."

„Und jetzt hast du sogar schon am Tag Angst. Das ist ja fies."

Oma war voller Mitleid und sann auf Abhilfe.

Oma schaute auf ihren altertümlichen Nähtisch aus Kirschholz mit gedrehten Beinen. Man konnte ihn aufklappen. Da war ein Spiegelchen im Deckel. In vielen, vielen kleinen Fächern waren die Nähutensilien verteilt. Da gab es Nähnadeln und Stecknadeln, Knöpfe, Druckknöpfe und Haken. Es gab Einziehgummis, Hutgummis und Knopflochgummis. Fingerhüte gab es und einen kleinen Stechbeitel, um Lochstickerei zu machen. Ein Stopfei und einen Stopfpilz. Es gab Nähgarn, Stopfgarn und Stickgarn. Das mußte nach Farben geordnet sein.

„Soll ich den Nähtisch mal wieder aufräumen?" fragte Lale und setzte sich halb auf Omas Schoß. Das war eine von Lales Lieblingsbeschäftigungen, denn am Ende bekam sie immer etwas geschenkt: ein kleines Döschen mit Stickperlen, einen besonders schönen Knopf oder einen kleinen silbernen Elefanten, der sich dahin verlaufen hatte.

„Jetzt nicht", sagte Oma und suchte sich eine neue Sticknadel aus.

Sie achtete sehr auf ihre Nadeln, die in einem kleinen Nadelbuch aus Filz geordnet waren. Da gab es sogar eine Rundnadel, um Teddys zu flicken und Puppenköpfe wieder anzunähen.

Für jeden anderen sind Nähnadeln eben Nähnadeln. Aber Oma schien jede einzelne Nadel persönlich zu kennen. „Kinder, wo ist meine liebste Nadel?" hörte man sie oft rufen, wenn jemand sich einfach ihrer Nähnadeln bedient hatte.

Dies alles zeigt, daß Oma einen feinen Sinn für geheime Ordnungen hatte, die sie immer wieder herzustellen bemüht war. Obwohl so feinsinnig, war sie doch eine unerschrockene Frau. Auch Ungeheuer in der Zimmerecke konnten sie nicht aus der Fassung bringen. Es lag ihr aber fern, so zu tun, als gäbe es keine Ungeheuer, wozu manche Erwachsenen aus eigener Angst neigen.

Oma betrachtete jetzt eingehend die Scheren, die vorne im etwas breiteren Fach lagen. Es gab eine Stickschere, die wie ein goldener Reiher geformt war. Der lange Schnabel war die Schere. Dann gab es eine

25

Schnuppschere, mit einem kleinen, kleinen Kästchen dran. So etwas braucht man heute nicht mehr. Aber früher, als man hauptsächlich mit Kerzenlicht auskommen mußte, da schnitt man mit so einer Schere das abgebrannte Dochtstück ab. Es fiel dann gleich ins Kästchen und nicht in die Kerze. Das war praktisch. Die große dritte Schere war eine Schneiderschere. In ihrem linken Ohr oder Henkel hatten drei Finger Platz, der vierte lag obendrüber in einer Kuhle. Der Daumen hatte das andere Ohr für sich allein. Er steht ja immer den vier anderen Fingern allein gegenüber. Auch der Griff dieser Schere war schön geschmückt, mit Ranken und so. Früher hatte man dafür viel Sinn.

Oma schien etwas eingefallen zu ein. Sie nahm die Schere in die Hand.

„Gibt's die Scheren auch für Linkshänder?" fragte Lale jetzt, denn Kinderscheren haben ja keine verschiedenen Ohren. Oma lachte. „Dreh sie doch einfach um", sagte sie und gab Lale die Schere. Tatsächlich paßte sie auch für Lales kleine linke Hand.

„Ich leihe sie dir", flüsterte Oma und sah sich verschwörerisch nach den dunklen Ecken um. „Leg sie auf deinen Nachttisch, griffbereit. Sollte das Ungeheuer sich wieder in deinem Nachthemd verbeißen, schneid einfach das Stück Hemd ab, und du bist frei!"

Lale ging voller Tatendrang zu Bett. Die Schere lag griffbereit in der Nachttischschublade. In dieser Nacht wachte Lale nicht auf. Aber am Morgen stand sie auf und fühlte verwundert mit der Hand den ganzen Saum ihres Nachthemds nach. Es fehlte kein Stück.

„Komisch", sagte sie. „Ich hab's doch heute nacht abgeschnitten."

Lale dämmerte es, daß es zwei verschiedene Welten geben mußte, die Traumwelt und die Wirklichkeitswelt. Aber irgendwie hatten die zwei doch etwas miteinander zu tun, so wie Nacht und Tag.

26

Das Ungeheuer jedenfalls war beleidigt und kam nie wieder.

Mit Omas Weisheiten aus dem Nähkästchen hatte es nicht gerechnet.

Wozu jemanden erschrecken, der sowieso keine Angst mehr hat? Das macht Ungeheuern keinen Spaß.

„Also? Immer eine Schere parat haben, wenn's auch nur eine kleine ist", sagte Oma.

Ihr werdet das bestätigt finden. Menschen, die immer ein kleines Nähzeug mit Schere dabei haben, die wissen mit Ungeheuern umzugehen.

Vom Fisch, der eine Prinzessin verschluckte

„Natürlich will ich einschlafen", sagte Anne. „Aber das geht nicht."

„Und warum nicht?" fragte Doktor Lang.

Doktor Lang – „der ist sehr lang und ganz, ganz oben ist ein freundliches Gesicht." So beschrieb ihn Anne. Jetzt war das Gesicht aber nicht weit weg, sondern ganz nah, denn Doktor Lang saß vor Anne auf einem kleinen Stuhl. Er wollte den Kindern, die er untersuchte, gerne in die Augen sehen.

„Weil ich auf den Fisch aufpassen muß", beantwortete Anne jetzt seine Frage.

„Welchen Fisch?"

„Na, wenn ich nicht aufpasse, und auch wenn ich aufpasse, kommt immer, immer der Fisch und verschluckt mich. Das fühlt sich ganz gräßlich an." Anne sah richtig mitgenommen aus.

„Wie denn?" wollte Doktor Lang wissen.

27

Da schlang Anne ihre Arme um seinen Kopf und preßte ihn ganz fest an sich, so daß er nichts sehen und hören konnte.

„So, so furchtbar", sagte Anne und ließ ihn wieder los.

Doktor Lang fand das nicht furchtbar, sondern eigentlich sehr angenehm. Das sagte er natürlich nicht. Und er lächelte auch nicht.

„Woher weißt du denn, daß es ein Fisch ist?" fragte er.

„Weil er so ein weiches Maul hat. Er macht ‚schluck!', und dann wird einem ein bißchen schwindelig, und alles ist weg. Das Zimmer, Mama und Papa, die ganze Welt. Alles ist schwarz, man hört und sieht und fühlt nix und ist ganz allein in seinem dicken Bauch und weiß nicht, wo er hinschwimmt mit einem."

„Ist er denn schon mal woanders hingeschwommen?"

„Ich glaube einmal, ganz früher. Aber das weiß ich nicht mehr genau. Jetzt spuckt er mich immer gleich wieder aus, schwupp, und dann ist Morgen, und ich bin ganz domelig. Aber es ist noch alles im Zimmer, so wie am Abend. Manchmal frage ich Mama und Papa, ob ich in der Nacht weggewesen bin. Sie sagen: Ne! Aber sie wissen es gar nicht. Sie haben ja selber geschlafen."

„Und deine Mama?"

„Die hilft mir oft, auf den Fisch aufzupassen. Manchmal, wenn der Fisch kommt, schreie ich. Dann geht er wieder. Dann kommt Mama und fragt: ‚Was schreist du denn so? Hier ist doch nichts.' Mal hat sie mir eine Schlafmedizin gegeben. Aber dann kommt der Fisch bloß noch früher. Papa sagt: ‚Du hast eine blühende Phantasie. Das ist eine Krankheit oder eine Frechheit.' Das sollte er mal dem Fisch sagen!"

Für ein Kind, das zu wenig Schlaf bekam, war Anne doch recht munter, fand Doktor Lang.

„Glaubst du denn, daß ich etwas gegen den Fisch machen kann?"

„Ne, eigentlich nicht."

„Glaubst du denn, daß überhaupt jemand etwas gegen den Fisch machen kann?"

„Ne, eigentlich nicht."

„Was ist denn das Schlimme an dem Fisch?" wollte Doktor Lang jetzt wissen. Da brauchte Anne nicht lange zu überlegen.

„Das dunkle Nichts in seinem Bauch", sagte sie. „Niemand und nichts ist da, und ich kann dagegen gar nichts machen."

„Das kenne ich", sagte Doktor Lang, und jetzt war ihm gar nicht mehr zum Lachen zumute. Er dachte eine Weile nach. Dann ging er an seinen Schrank der hundert Dinge und holte einen hölzernen Fisch heraus. Der war blau angemalt. Aber in seinem Bauch war es hell und licht. Eine kleine Prinzessin saß da, die hielt eine Zauberblume in der Hand und lachte. Anne betrachtete den Fisch.

„Ja, wenn's da drin hell wäre, das wäre mal was anderes", sagte sie.

Doktor Lang gab Annes Mutter ein Bilderbuch mit, das sollte sie ihrer Tochter abends vorlesen, während sie auf den Fisch warteten. Das Buch hieß: Vom Fisch, der eine Prinzessin verschluckte.

Und das war die Geschichte:

„In einem fernen Land lebte einmal eine kleine Prinzessin. Sie hatte ein ganzes Reich allein zu regieren. Da gab es Unordnung, die in Ordnung verwandelt werden mußte; es gab Streit, der geschlichtet werden mußte, Ungerechtigkeit, die verhindert werden mußte, Unbekanntes, das erforscht und gelernt werden mußte.

Viele Menschen denken, eine kleine Prinzessin habe ein feines, müßiges Leben. Aber jeder Tag war für diese kleine Prinzessin ein schwerer Arbeitstag.

Es gab im ganzen Königreich auch keinen Ort, an dem die kleine Prinzessin hätte allein sein können, wo sie, ganz unbeobachtet, etwas hätte tun können, was ihr gefiel, sich aber vielleicht nicht für eine Prinzessin schickte. Man weiß ja, wieviele Diener in so einem Schloß sind. Überall sorgen sie für Ordnung und Anstand. Die Hofetikette mußte streng eingehalten werden. Und ebenso streng mußte das kostbare Leben der Prinzessin bewacht werden.

‚Tut dies nicht, Euer Majestät, und tut das nicht‘, hieß es ständig.

Die kleine Prinzessin ging am Meeresstrand spazieren und seufzte.

‚Ach, wie gerne wäre ich doch mal ganz für mich allein und könnte tun und lassen, was ich wollte‘, sagte sie so vor sich hin.

Da kam ein großer Fisch geschwommen. ‚Das kann gemacht werden‘, sagte er mit tiefer Stimme. Und schwupp, hatte er sie verschluckt.

Die kleine Prinzessin staunte nicht schlecht, als sie durch das weiche Maul und den weichen Schlund des Fisches rutschte und in einer hellerleuchteten Höhle landete.

‚Mach’s dir gemütlich‘, hörte sie den Fisch von draußen rufen.

‚Und vor allen Dingen, mach’ was du willst. In meinem Bauch ist alles möglich und niemand kann dich stören.‘

Das ließ sich die kleine Prinzessin nicht zweimal sagen.

‚Ein Pferd!‘ rief sie. Und schon war ein prächtiger Apfelschimmel da. Sie machte auf seinem Rücken Handstand und sprang durch einen Reifen. Sie zog sich die verrücktesten Kleider an und aß drei Schüsseln Eis mit Schlagsahne. Sie schwamm nackt in einem wilden Bergfluß und konnte mit einem bunten Drachen über die Berge fliegen. Sie rannte mit sieben goldenen Hunden um die Wette und hörte sich an, was ein großer Rabe aus einem lila Buch vorlas.

Gerade als ihr eine fabelhaft große Nußtorte gebracht wurde, machte

30

es aber ‚schwupp‘, und sie saß wieder in ihrem Palast auf dem Prinzessin-
nenbett, und die Zofen standen darum herum und fragten:

‚Haben Euer Majestät gut geschlafen?‘

Die Prinzessin lachte in sich hinein und dachte: ‚Wenn ihr wüßtet.‘

Von nun an konnte sie es kaum erwarten, am Abend das weiche Maul des
Fisches zu fühlen, der sie verschluckte und so in eine Welt entführte, die
nur ihr gehörte, in der alles, alles möglich war und in die ihr niemand folgen konnte. Pünktlich jeden Morgen spuckte er sie wieder aus. Niemand
wußte etwas davon, wenngleich viele ahnten, daß die Prinzessin Geheimnisse hatte, die sie mit niemandem teilte.

Erst viele Jahrhunderte später fand man einen hölzernen Fisch, auf
dem das Doppelleben der Prinzessin dargestellt war. Aber auch dann
begriffen es viele nicht, sondern sagten: ‚Die Menschen damals hatten
einfach zu viel Phantasie.‘ “

Es ist noch zu berichten, daß es gar nicht lange dauerte, da hatten Anne
und ihr Fisch sich angefreundet und verbrachten viele bunte und span-
nende Nächte miteinander.

Die Angst zu versagen, Strafängste

Die Drei auf der Dachrinne

Quasselstrippe, Klatschbase und Plappermaul saßen auf der Dachrinne und überlegten, was sie mal wieder Böses tun könnten.

Unten auf der Straße gingen die Kinder zur Schule.

„Ich weiß was", rief Quasselstrippe, flog hinunter und setzte sich dem Thomas auf die Schulter. Natürlich sah ihn niemand. Deshalb konnte er Thomas in aller Ruhe so lange ins Ohr flüstern, bis der dachte, er spräche zu sich selbst.

„Ich bin nix, ich kann nix, ich werd' nix!

Ich bin nix, ich kann nix, ich werd' nix!

Ich bin nix, ich kann nix, ich werd' nix!"

Thomas, der anfangs noch mutig vorangeschritten war, sackte immer mehr in sich zusammen und kam schließlich blaß und zittrig in der Schule an.

Klatschbase hatte sich unterdessen auch ein Opfer ausgesucht: die kleine Silke, die ihr neues Kleid anhatte, auf das sie sehr stolz war. Aber nur so lange, bis Klatschbase ihr hundert Mal ins Ohr flüsterte:

„Alle lachen über mich, keiner mag mich!

Alle lachen über mich, keiner mag mich!

Alle lachen über mich, keiner mag mich!"

Als Silke in der Schule ankam, schlich sie nur noch an der Wand entlang und schlug die Augen nieder, in der Hoffnung, sich so unsichtbar machen zu können.

Plappermaul saß noch auf der Dachrinne, als Stephan eiligen Schrittes vorbeikam. Stephan war der Klassenbeste, und deshalb war es für Plappermaul nicht ganz leicht, sich etwas Gemeines für ihn auszudenken. Aber dann fiel ihm doch etwas ein, und schon sauste er runter von der Dachrinne.

„Ich bin nicht gut genug, ich bin nicht gut genug, ich bin nicht gut genug", flüsterte er genüßlich in Stephans Ohr. Und Stephan wurde immer nervöser.

Als Silke in die Klasse kam, sagte Claudia: „Du hast ja ein neues Kleid an!"

Silke hörte gar nicht richtig hin und hielt den Blick gesenkt.

„Na ja, ich wußte, daß es dir nicht gefällt", flüsterte sie. Claudia wollte widersprechen, aber Silke hatte sich schon in ihre Bank gedrückt.

In der Mathestunde wurde eine Arbeit geschrieben. Stephan war, wie immer, schnell fertig, denn er hatte seine Hausaufgaben gemacht.

Aber gerade da hörte er wieder Plappermauls Flüsterstimme, die ihm einredete: „Ich bin nicht gut genug, ich bin nicht gut genug."

Stephan rechnete nun alle Aufgaben noch einmal nach, war nervös und machte Rechenfehler. So gelang es ihm tatsächlich, alle Aufgaben zu verschlimmbessern. Schweißgebadet gab er die Arbeit ab. Der Lehrer warf einen Blick darauf, schüttelte den Kopf und sagte: „Stephan, bist du krank?"

In der Deutschstunde wurde Thomas aufgerufen, um ein Gedicht aufzu-
sagen.

„Ich ging im Walde so für mich hin,
Und nichts zu suchen, das war mein Sinn.
Im Schatten … da war … da fand … ich sah …“
„Fang noch mal an“, sagte die Lehrerin freundlich.
„Ich ging in den Wald … ich suchte … da, da …“
Die Klasse lachte.

Thomas bekam Tränen in die Augen. „Nie kann ich was“, sagte er leise.

Die Lehrerin stand auf, kam zu Thomas und setzte sich auf seinen
Tisch. „Du, Thomas“, sagte sie. „Kann es sein, daß du jemanden auf der
Schulter sitzen hast?“

Erstaunt schaute Thomas auf seine rechte und auf seine linke Schulter,
konnte aber nichts entdecken.

„Ich glaube nämlich schon, daß da jemand sitzt, eine gewisse Quasselstrippe. Und die flüstert dir immerfort ins Ohr:
,Ich bin nix, ich kann nix, ich werd nix.‘“

Tja, das war ja nun Pech für die drei Bösewichter von der Dachrinne, daß
da jemand war, der sie sehen und hören konnte. Damit hatten sie nicht
gerechnet. Sie verhielten sich ganz still, aber das half ihnen gar nichts. Sie
hatten einfach schon zu viel gequasselt.

„Es gibt da auch eine gewisse Klatschbase“, fuhr die Lehrerin fort, „die
will einem immer weismachen, daß keiner einen mag und alle über einen
lachen.“

„Ja, genau“, rief Silke und hielt sich dann gleich erschrocken den Mund
zu.

„Ich bin nicht gut genug, ist auch ein beliebter Spruch“, sagte die Lehrerin, und Stephan war verblüfft. Woher wußte sie das?

„Außerdem gibt es noch eine Menge anderer Sprüche, die alle den Zweck haben, uns klein zu machen. Aber das lassen wir uns nicht länger gefallen!" Energisch sprang die Lehrerin auf und lief zur Tafel.

„Na?" rief sie. „Jetzt sagt mir mal alle, was für Sprüche die Gespenster von der Dachrinne euch ins Ohr geflüstert haben."

„Von der Dachrinne?" fragte Thomas. Nun mußten die armen Gespenster mit anhören, wie die Lehrerin ihre ganze Geschichte verriet. Entsetzt flüchteten Quasselstrippe, Klatschbase und Plappermaul wieder auf die Dachrinne.

Die Lehrerin schrieb alle Sprüche auf, die die Kinder ihr zuriefen.

„So", sagte sie dann. „Jetzt denkt euch statt dessen Mutmachsprüche aus."

Die Kinder dachten nach.

Den ersten Spruch: „Ich bin nix, ich kann nix, ich werd' nix", löschte die Lehrerin nun aus und schrieb statt dessen:

„Ich kann, was ich will!"

Das hatte Thomas sich ausgedacht.

Statt: „Alle lachen über mich, keiner mag mich", schrieb sie:

„Ich habe Freundinnen!"

Das hatten Claudia und Vanessa Silke vorgeschlagen. Silke wurde rot vor Freude und sagte es sich immer wieder: „Ich habe Freundinnen!"

Bei dem Spruch: „Ich bin nicht gut genug", brauchte die Lehrerin nur das „nicht" auszulöschen, fand Stephan. Aber die Lehrerin schrieb den Satz doch noch einmal ganz neu: „Ich bin gut genug!"

Nachdem all die blöden Sprüche gelöscht waren und die schönen neuen an der Tafel standen, fragte die Lehrerin die Kinder nach den Namen ihrer Gespensterchen, denn sie glaubte, daß die doch noch ab und an kommen würden, um ihr böses Flüsterwerk zu probieren. „Jaulfritze" hieß einer,

„Schwafelkarl" ein anderer oder „Laberschnauze". Je mehr Namen genannt wurden, um so mehr mußten die Kinder lachen.

„Was ist denn hier los?" fragte der Geschichtslehrer, der schon zur nächsten Stunde kam. Die Klasse hatte die große Pause ganz und gar vergessen.

„Ach, das ist ja interessant", sagte der Geschichtslehrer, als er von den Flüstergespenstern erfuhr. „Ich hatte mich schon so manches Mal gewundert."

Von nun an durften die Kinder ab und zu ihre Mutmachsprüche sagen. Gleich dreimal hintereinander, damit's auch wirkte. Und morgens auf dem Schulweg sahen sie zur Dachrinne hinauf, dorthin, wo sie vom vielen Draufsitzen schon ein wenig verbeult war.

„Bäh", sagten sie und streckten die Zunge heraus.

Dann schämten sich die gemeinen Gespensterchen.

Katzentisch

„Ich kann nicht schlafen!" sagte die kleine Celine, als sie gewaschen und geputzt im Bett lag. „Bitte Mama, lies mir noch was vor!"

Ihre Mama holte das alte zerfledderte Märchenbuch, aus dem ihr selbst schon als Kind vorgelesen worden war, und begann:

„Die Mutter hatte sich für ein halbes Stündchen in ihrem Sorgenstuhl zur Ruhe gesetzt, und die Köchin Pimpernell war mit der Wäsche auf den Trockenboden gegangen. So kam es denn, daß Röschen ganz allein in der Küche war.

Die Küche, das war ihr liebster Aufenthalt; und wenn die Köchin Pimpernell über all der Unordnung die Hände zusammenschlug und jammerte: ‚Ach, wie sieht's da heute aus', da gefiel es ihr just am besten. Da war kein Töpfchen, das sie nicht in die Hand nahm, kein Löffelchen, mit dem sie nicht rührte, kein Quirl, mit dem sie nicht quirlte. Wie prächtig ließ es sich doch mit den Kohlstrünken kochen, mit den Kartoffel- und Apfelschalen und ähnlichem Küchenabfall. Das wurde alles von Röschen recht fein geschnitten und in Puppentöpfchen getan, gerührt, gequirlt und zugedeckt.

Jetzt war aber von alledem in der Küche nichts zu sehen. Frau Pimpernell hatte alles blitzblank und sauber gemacht, ehe sie fortgegangen war. Stand aber erst einmal alles in Ordnung, dann wußte Röschen recht wohl, daß sie nichts anfassen durfte; sonst würde Frau Pimpernell so böse, bitterböse.

Da stand denn Röschen in der Küche und langweilte sich. Sie ließ ihre Äuglein rundum schweifen – nirgends war etwas, womit sie sich hätte die Zeit vertreiben können. Unterm Küchentisch lag die Katze, aber die drückte die Augen zu und stellte sich schlafend.

Röschen blickte weiter umher und entdeckte etwas Besonderes – die Tür zur Speisekammer stand ein klein wenig offen."

Als die Mama so weit gekommen war, sprang Celines Katze aufs Bett. Sie war ein hübsches Tier, schwarz mit weißen Strümpfchen. Sie hatte sanfte blaue Augen. Aber jetzt machte sie diese Augen ganz schmal und sah Celine böse an.

„Jetzt will ich nicht weiter hören", sagte Celine und wollte ihre Katze in den Arm nehmen. Aber die sprang vom Bett herunter und verschwand. Etwas erstaunt klappte Mama das Buch zu, löschte das Licht und verschwand auch.

Da lag nun die kleine Celine mit ihren Gedanken allein im Bett, und die Gedanken nahm sie mit in ihre Träume.

Menschen haben ja so ein furchtbar schlechtes Gedächtnis. Vieles, was sie einmal wußten und konnten, haben sie total vergessen. Zum Beispiel auch die Sprache der Tiere. Darum war Celine sehr erstaunt, als sie im Traum die Sprache der Tiere verstehen konnte. Allerdings war es ein sehr peinlicher Auftritt für sie. Im Palast des Löwen, der ja der König der Tiere ist, waren nämlich alle Tiere versammelt, um sich die Klage von Celines Katze anzuhören. Die Klage war folgende:
Celines Mama pflegte die Schüssel mit Sahnepudding zum Abkühlen auf den Balkon zu stellen. Nun war schon zum dritten Mal die Hälfte des Puddings rausgeschleckt worden. Da war Celines Mama wütend geworden und hatte der Katze eins übergebraten. Celine hatte dabeigestanden und nichts gesagt. Aber sie war das Leckermaul, nicht die Katze.
„Und das Schlimme war nicht der Klaps", jammerte die Katze, „sondern daß meine Ehre als aufrichtige Hauskatze gekränkt wurde. Und meine beste Freundin stand dabei und hat nichts gesagt."

Allen Tieren tat die Katze sehr leid. Viele von ihnen hatten auch schon erlebt, daß die Menschen keine Rücksicht auf ihre Gefühle genommen hatten, ja, daß sie meinten, Tiere hätten überhaupt keine Gefühle. Es erhob sich ein erregtes Gemurmel und Gezischel.
Celine wurde es heiß und kalt, und sie schämte sich sehr, zumal sie ihre Katze ja sehr liebhatte.
Der Grund nämlich, warum Kinder so unbedingt einen Hund, eine Katze, einen Hamster, einen Kanarienvogel oder wenigstens einen Goldfisch haben wollen, ist doch der, daß Tiere niemals sagen: Ich habe keine Zeit für dich, oder: Du gehst mir auf die Nerven, oder: Räum erst dein

Zimmer auf, bevor ich mit dir spiele. Nein, Tiere sind immer bereit, ihre Zeit mit einem Kind zu verbringen. Sie sind freundlich, treu und zu Späßen aufgelegt. Nur Fressen, Pflege und ein Dach über dem Kopf brauchen sie. Aber obwohl sie das nicht einfordern können, brauchen sie auch Liebe und Respekt. Tiere sind sehr kränkbar.

„Ruhe, Ruhe", brüllte jetzt der Löwe. „Wir sitzen hier zu Rate über eine Freundschaft, die an einem Sahnepudding zu zerbrechen droht. Was ist eure Meinung dazu?"

„Die Katze soll weglaufen und sich eine bessere Freundin suchen."

„Das Menschenmädchen muß eine strenge Strafe bekommen."

„Sie muß es wieder gutmachen. Sie soll es ihrer Mutter sagen."

„Sie soll die Katze um Verzeihung bitten."

„Das hat doch keinen Zweck. Sie wird es wieder tun."

So gingen die Stimmen hin und her, und Celine wäre es lieber gewesen, wenn sie die Sprache der Tiere jetzt nicht verstanden hätte.

Da meldete sich ein alter Hund zu Wort. Er sah erfahren und gütig aus, hatte viele Sorgenfalten im Gesicht und stand nicht mehr ganz fest auf den Beinen. Aber was er sagte, verriet Lebensweisheit.

„Alle Dinge und Ereignisse haben mehrere Seiten", sagte er.

„Gibt es denn unter euch nicht einen, der etwas Gutes über dieses Menschenkind sagen könnte?"

Die Menge verstummte. Dann hörte man die Piepsstimme der Blaumeise: „Mir hat sie im Winter Futter gestreut."

„Mir hat sie einen Dorn aus der Pfote gezogen", sagte ein Hund.

„Mich hat sie zu meiner Frau Müller heimgebracht, als ich verlorengeflogen war", trillerte ein Wellensittich. Und der Bär sagte: „Als ich mal so richtig traurig war, im Zoo, da ist Celine vorbeigekommen und hat mich angelächelt. Sie ist stehengeblieben und hat mir sogar ein Bärenlied vorgesungen."

Endlich hörte man noch ganz leise eine dicke Spinne sagen:

„Mich hat sie in den Garten getragen, als die Putzmenschenfrau mich erschlagen wollte."

Celine hörte auf zu weinen und schaute erstaunt in die Runde. Also war sie doch nicht das allerschlechteste Kind von der Welt.

Der König der Tiere schaute nachdenklich drein und strich sich mit der Pfote die Barthaare glatt.

„Es ist also so, daß Celine, wie alle Kinder, eigentlich eine Freundin der Tiere ist. Nur wenn sie Angst vor Strafe hat, dann vergißt sie ihre Freundespflicht. Dann ist sie feige. Aber gerade dann, wenn es um einen Freund geht, muß man Courage zeigen."

„Großer König, du hast gut reden", piepste die Maus. „Dir tut so leicht keiner was, denn alle haben sowieso Angst vor deiner Stärke. Aber denke an uns ängstliche kleine Mäuseherzen. Wie können wir in der Stunde der Not diesen Mut aufbringen?"

Viele kleine Tiere, zum Beispiel der Hase, das Rebhuhn und der Frosch, stimmten ihr zu.

„Ja, ja", knurrte der alte weise Hund gutmütig. „Wir haben Angst und müssen doch mutig sein."

„Aber was ist nun mit unserer Freundschaft?" Die Katze zupfte Celine am Nachthemd und sah zuerst sie und dann den Löwen fragend an.

Alle Tiere konnten sehen, wie gern sie das Menschenkind hatte.

Da nahm Celine die Katze auf den Arm und all ihren Mut zusammen.

Sie sagte dem Löwen im Beisein aller Tiere, was sie zu tun gedenke, um der Freundschaft eine zweite Chance zu geben.

Als Celine die Augen aufmachte, war es heller Morgen. Vor ihrem Bett stand die Katze und sah sie ebenso fragend an wie im Traum.

Was war das doch gleich, das sie geträumt hatte?

Beim Frühstück redete Celine darüber, daß Kinder und Tiere doch eigentlich sehr nah beieinander seien, schon von der Größe her, und daß sie doch eigentlich die geborenen Freunde seien.

„Und darum wäre es doch auch richtig, wenn wir an bestimmten Tagen mit ihnen an einem Tisch sitzen und essen. Ich und meine Katze und Karli mit seinem Dackel. Dann sieht man doch, daß wir zusammengehören."

„Na ja", erwiderte die Mama zögernd. „Wenn alle sich anständig benehmen. Morgen kommt viel Besuch. Da können wir es gleich mal ausprobieren." Karli, Celines Bruder, fand das eine ausgezeichnete Idee. Er unterhielt sich viel lieber mit seinem Dackel als mit all den langweiligen Erwachsenen.

Die Katze stand neben Celines Stuhl und hörte nicht auf, sie fragend anzusehen.

„Und dann, und dann", stotterte Celine, „habe ich dem Löwen, dem König der Tiere meine ich, dem habe ich versprochen zu sagen, daß, daß ich es war, die den Sahnepudding geschleckt hat, und nicht die Katze."

Aus langer Erfahrung wußte Celines Mama, wann man nachfragen muß und wann nicht. „Dann ist's ja gut", sagte sie nur.

„Warum sitzen eure Kinder denn da an dem kleinen Tisch mit den Tieren?" fragten am nächsten Tag die Gäste.

„Das ist bei uns so Sitte", sagte die Mama.

Bald gab es kein Fest mehr ohne einen Katzentisch. Nur warum das so war, das hatten bald alle wieder vergessen. Ich sag's ja: Menschen sind einfach zu vergeßlich.

Die sprechende Kartoffel

Die Menschen, von denen ich erzählen will, hatten einen weiten Weg hinter sich. In ihrer fernen Heimat waren sie Bauern gewesen. Aber dann war eine große Dürre gekommen und hatte ihre Äcker ersterben lassen. Endlich hatte es geregnet, aber viel zuviel. Die Flut hatte ihre Häuser hinweggespült, mit aller Habe.

Jetzt saßen sie in einem Land, das man ihnen als reich und glücklich angepriesen hatte. Aber es gab keinen Platz in diesem Land. Großvater und Großmutter, Vater und Mutter, Tochter und Sohn, alle sechs wohnten in einem kleinen Zimmer und fanden keine Arbeit.

Sie hatten Heimweh und überlegten, ob es wohl die richtige Entscheidung gewesen sei, dorthin zu gehen.

Großvater und Großmutter waren zu alt, die Eltern konnten die neue Sprache nicht, die Tochter war noch zu klein. So blieb alle Arbeit an dem Sohn hängen, einem kräftigen und gescheiten Burschen.

„Ich arbeite, wo Arbeit verlangt wird", sagte er, kehrte die Straße, half bei der Müllabfuhr, beim Zeitungsaustragen und in einer Gärtnerei. Eines Tages hatte er Glück. Er hörte von einem Bauern, der einen Knecht brauchte. Sofort ging er hin, und sie wurden sich einig: Zuerst sollte der Bursche für sein Essen arbeiten und zu Martini dann seinen Lohn und eine Gans bekommen.

Der Bauer baute Kartoffeln und Rüben an. Er war allein auf dem Hof, hatte keine Familie, nur eine alte Haushälterin, die zum Kochen und Putzen kam. Geredet wurde auf diesem Hof nicht, nur ab und zu wurden Anweisungen gegeben. Der junge Bursche ließ es sich nicht verdrießen, arbeitete fleißig, ohne Knurren und Murren, so daß ihn die beiden mürrischen Alten insgeheim liebgewannen. Die Haushälterin gab ihm abends die Essensreste mit, auch mal eine Tasche voll Kartoffeln oder eine Kanne Milch.

Das konnte die Familie in dem kleinen Zimmerchen gut brauchen. Den ganzen Tag warteten die Großeltern, die Eltern und die kleine Schwester auf den jungen Burschen. Dann gab es ein schönes Abendessen. Und immer sollte er ihnen was erzählen von der Welt da draußen, was er erlebt und gesehen hatte.

Nun passiert auf dem Hof eines Kartoffelbauern nicht gerade viel, zumal den ganzen Tag kaum geredet wurde. Es gab zwar noch zwei Kühe, aber die sagten nur muh, und die paar Hühner gackerten auch nur unverständliches Zeug. So gewöhnte sich der junge Bursche an, mit den Kartoffeln zu reden, und mit der Zeit meinte er, daß sie ihn verstünden. Ja, er bildete sich sogar ein, daß sie ihm antworteten.

Das Ganze hatte damit angefangen, daß seine kleine Schwester eines Tages rief: „Schau mal, die Kartoffel sieht aus wie ein Gesicht!"

Tatsächlich konnte man deutlich eine Knubbelnase und zwei Augen erkennen. Der junge Bursche schnitt ein Loch in die Kartoffel und steckte sie über ein Taschentuch auf seinen Finger. Fertig war die Kartoffelpuppe.

„Dein Bruder pflügt jetzt gerade das Feld", flötete die Kartoffel.

„Bald wird er uns in die Erde stecken."

„Aber dann könnt ihr doch nichts mehr sehen", rief das kleine Mädchen und betrachtete mitleidig die beiden Stellen an der Kartoffel, die wie Augen aussahen, aber eigentlich der Anfang von neuen Trieben waren.

„Das macht nichts", sagte die Kartoffelpuppe. „Es ist zwar dunkel, aber gemütlich. Jede von uns brütet da mindestens zwanzig neue Kartöffelchen aus."

„Ist das wahr?" fragte das kleine Mädchen erstaunt. Und ihr Bruder bestätigte es.

Während seiner etwas eintönigen Arbeit redete der junge Bursche also mit den Kartoffeln, hörte sozusagen ihr immerwährendes Gemurmel. Er ließ sich von ihnen sagen, was er am Abend seiner kleinen Schwester und der übrigen Familie erzählen konnte: wie das Kartoffelfeld und das Rübenfeld jetzt aussahen, daß er die Kartoffeln jetzt behäufeln, die Rübenpflänzchen aber auszupfen mußte, damit sie nachher genug Platz hatten, um dick zu werden. Er bemerkte überhaupt viel mehr, als er vorher gesehen oder für wichtig gehalten hatte. Im Roggenfeld des Nachbarn hatte eine kleine Lerche ihr Nest gebaut, einfach auf der Erde. Wenn sie kam, flog sie immer zuerst woanders hin, um ihre Beobachter zu täuschen, und huschte dann zwischen den Halmen heimlich zum Nest. Die Kuh Mathilda hatte das ewige Melken satt und mit einem Tritt den Milcheimer umgeschmissen. Zum Glück war noch nicht allzuviel Milch drin gewesen, aber die alte Haushälterin hatte so ausgiebig geschimpft, wie der Bursche sie noch nie hatte reden hören. Zudem legten die Hühner ihre Eier nicht mehr ins Nest im Stall, sondern sonstwohin. Schließlich hatte man das Versteck in der Scheune gefunden. Die schwarze Henne saß darauf und wollte brüten.

Auf all dies machten die Kartoffeln den Burschen aufmerksam, und der Bursche erzählte es am Abend in der kleinen Stube. Mit vielen Ausschmückungen, versteht sich. Das Kartoffelmännchen lachte, und die Familie lachte mit ihm und hatte ein klein bißchen weniger Angst.

So verging die Zeit. Der alte Bauer konnte nachts oft nicht schlafen. Dann lag er da und dachte nach. Er dachte daran, daß er keine Kinder hatte. Der junge Bursche aber war so nett und fleißig wie ein Sohn. Und immer mehr machte sich bei dem Bauern der Gedanke breit, er könne diesem tüchtigen Menschen doch seinen Kartoffelhof vererben. Aber dann dachte er wieder: Man vererbt doch nicht einen hundertjährigen Familienhof einfach an einen Fremden. Oder?

Als der Bauer viele schlaflose Nächte so hin- und hergedacht hatte, kam er schließlich auf eine Lösung, wie er sich selbst überlisten und die Verantwortung von sich abwälzen könnte. Am Abend vor Martini ließ er den jungen Burschen zu sich kommen und sagte:

„Du hast nun lange und fleißig gearbeitet und deinen Lohn verdient. Eigentlich hast du sogar noch mehr verdient. Ich könnte dir ein Rätsel aufgeben. Wenn du es löst, bekommst du meinen halben Hof und nach meinem Tode den ganzen. Löst du es aber nicht, bekommst du gar nichts. Nun frage ich dich: Willst du deinen einfachen Lohn, oder willst du das Wagnis des Rätselratens eingehen?"

Dem jungen Burschen brach der Schweiß aus. Was sollte er tun?

Auch dem Bauern war nicht ganz wohl in seiner Haut. Aber eine alte Bauernhaut ist zäh.

„Du kannst es dir bis morgen überlegen", sagte er schließlich, und der junge Bursche ging ganz verwirrt nach Hause.

Die halbe Nacht redete die Familie. Aus dem kleinen Zimmerchen herauszukommen und auf dem Land zu wohnen, das wäre zu schön gewesen! Was würden sie da alles machen können, auch ohne Sprache. Aber andererseits, wenn der Sohn nun gar nichts für das halbe Jahr Arbeit bekäme? Das wäre zu furchtbar. So wagte niemand, ihm einen Rat zu geben.

Nachts wälzte sich der Bursche hin und her, hin und her und stöhnte. Welche war die richtige Entscheidung, welche die falsche? Die anderen lauschten ängstlich. Am Morgen stand der Bursche auf und sagte fest: „Wer nichts wagt, der nichts gewinnt! Ich werde das Rätsel lösen."

„Na?" sagte der Bauer, als der Bursche auf den Hof kam. „Wie hast du dich entschieden?"

„Ich werde das Rätsel lösen", sagte der Bursche, schon nicht mehr ganz so fest, sondern blaß vor Aufregung.

„Ja, bist du denn von allen guten Geistern verlassen?" schrie die Haushälterin und schimpfte so laut und lange wie damals, als die Kuh den Milcheimer umgetreten hatte. Sie wollte den Burschen unbedingt vor so einer Unvorsichtigkeit bewahren. Aber der Bauer schmunzelte und sagte: „Ich habe damit gerechnet."

Daraufhin führte er den Burschen in die Scheune. Dort standen drei zugedeckte Kisten. Auf der ersten stand „Kartoffeln", auf der zweiten „Rüben" und auf der dritten „Kartoffeln und Rüben".

„Alle drei Aufschriften sind falsch", sagte der Bauer. „Du darfst ein einziges Mal in eine Kiste greifen und eine einzige Erdfrucht herausnehmen, ohne hineinzuschauen. Wenn du mir dann sagen kannst, was in welcher Kiste ist, hast du gewonnen."

Dem Burschen schwirrte der Kopf, und er bedauerte es schon, sich nicht für den einfachen Lohn entschieden zu haben. Aber dann beruhigte es ihn, daß es um Kartoffeln ging, denn im Traum hatten ihm die Kartoffeln ihre Hilfe versprochen. Er versuchte, seiner Angst Herr zu werden. Als er wieder denken konnte, überlegte er eine Weile, ging dann zu der Kiste mit der Aufschrift „Kartoffeln und Rüben", griff hinein und – zog eine Kartoffel heraus. Was nun?

„Nimm dir ruhig Zeit“, sagte der Bauer, setzte sich in eine Ecke und zündete sich ein Pfeifchen an. Die Haushälterin war gegangen, denn das war zu viel für ihre Nerven.

Der Bursche hockte sich auf die Erde, drehte und wendete die Kartoffel in seiner Hand und fing schließlich an, mit ihr zu reden.

„Du hast doch Augen“, sagte er. „Was hast du in deiner Kiste gesehen?“

„Ich habe zwar Augen“, antwortete die Kartoffel. „Aber die sind nicht zum Sehen da, sondern um neues Leben wachsen zu lassen. Mach du auch mal deine Augen zu und denk nach. – Alle Aufschriften sind falsch. Das heißt?“

„In deiner Kiste waren nicht Kartoffeln und Rüben. Auch keine Rüben, sonst hätte ich ja jetzt eine in der Hand. “

„Also?“ fragte die Kartoffel.

„Also war das die Kiste mit Kartoffeln.“

„Richtig. Und was ist mit den beiden anderen Kisten?“

„Wo Rüben draufsteht, sind keine Rüben drin. Und wo Kartoffeln draufsteht, sind keine Kartoffeln drin, denn die sind ja hier drin.“

„Also?“ fragte die Kartoffel wieder. Der Bursche ordnete seine Gedanken.

„Also sind die Rüben da, wo Kartoffeln draufsteht, und Kartoffeln und Rüben da, wo Rüben draufsteht.“

„Richtig!“ schrie die Kartoffel begeistert und sprang ihm aus der Hand. „Bauernschläue schlägt Bauernschläue!“

Der Bursche stand auf und hängte die richtigen Schilder an die richtigen Kisten.

Das war nun ein wahres Glück für alle Beteiligten. Und wir lernen daraus, daß es manchmal gut ist, etwas zu wagen und zu tun, auch wenn man zuerst schreckliche Angst hat.

Der Traumbaum

Da war einmal ein Junge, der hieß Lenard und war ein Pechvogel, ein Unglücksrabe und Stolperer. Das fanden alle und sagten es auch. Und allmählich glaubte Lenard es selbst.

Fiel ein Glas auf den Steinfußboden, so rief die Mutter: „Lenard, was machst du in der Küche?"

Zerbrach eine Fensterscheibe, dann hieß es: „Warum muß Lenard auch noch Fußball spielen!"

Rief jemand aus dem Krankenhaus an und sagte, eins der Kinder habe am Kopf genäht werden müssen, dann fragte der Vater:

„Und wann können wir Lenard wieder abholen?"

Wenn der Teppich eine Falte hatte, stolperte nur Lenard darüber, und wenn er eine Schere in die Hand nahm, konnte man von Glück sagen, wenn er nicht in die Tischdecke oder in seinen Finger schnitt.

Lenard wurde immer ängstlicher. Am liebsten wäre er im Bett liegengeblieben. Aber das durfte man ja nur nachts oder wenn man sonst einen Grund dazu hatte.

Kranksein war so ein Grund. Darum wurde Lenard oft krank. Aus unerfindlichen Gründen bekam er plötzlich Fieber und Kopfschmerzen. Dann lag er in seinem Bett und schaute zum Fenster hinaus. Vor seinem Fenster stand ein großer Kastanienbaum.

„Ach Baum", seufzte er eines Tages. „Das Leben ist so gefährlich. Nie werde ich irgend etwas richtig können."

Der Kastanienbaum schwieg. Nur ab und zu ließ er eine Kastanie fallen. Dann gab es einen kleinen, dumpfen Plumps.

Aber gegen Abend regnete es. Und als die großen Tropfen des Sommerregens auf den Baum fielen, fingen die Blätter an zu schwatzen.

„Es ist noch nicht aller Tage Abend", sagten sie. „Und du kennst dich nur nicht gut genug."

„Warum geht nur im Traum alles und im Wachen nichts?" fragte Lenard den Baum. Der Regen pladderte auf die Kastanienblätter. Es klang wie: „Komm doch mal raus zu mir."

Da schwebte Lenard aus dem Fenster und in die Arme des Kastanienbaums. Über ihm regnete es, aber unter den Blättern wurde Lenard nicht naß. Er lauschte dem Regen, roch das grüne Sommernaß und fühlte sich irgendwie besser.

„Gestern war ich im Kastanienbaum", sagte Lenard am anderen Morgen.

„Na ja, jetzt kommt die Märchenerzählzeit", sagte seine große Schwester und sah vielsagend zum Vater hinüber.

Aber Lenard wartete einfach bis zum Abend, dann schwebte er wieder zum Fenster hinaus und in die Arme seines Traumbaums. An diesem Tag ging ein bißchen Wind, und der Baum rauschte leise.

„Schau mal nach unten", sagte er.

Unten, an den Stamm gelehnt, sah Lenard ein Fahrrad. Schön metallig grün, mit Rückstrahlern an den Pedalen, mit Klingel, Licht, Gepäckträger und Handbremse. Alles drum und dran, was ein Bubenherz höher schlagen läßt. Es war auch kein ganz großes Rad. Es sah so aus, als ob es genau zu Lenards Größe passen würde.

Fasziniert ließ Lenard sich am Stamm hinuntergleiten. Das Rad war nicht abgeschlossen. Lenard nahm es, stellte das rechte Pedal nach unten und damit das linke nach oben. Er schob das Rad etwas an, stellte sich auf das rechte Pedal, schwang dann das linke Bein hinüber und trat sofort auf das linke Pedal, damit das Rad nicht stehenblieb. Schon fuhr er auf den

Weg hinaus, der zum See führte. Als es ein wenig bergauf ging, stellte er sich hin, um kräftiger in die Pedale treten zu können. Er lenkte sicher um die Kurve, wobei sich das Rad ein wenig schief legte. Die Klingel funktionierte auch und gab helle Töne von sich. Als es bergab ging, trat er ein wenig in den Rücktritt, damit die Beschleunigung nicht zu groß wurde. Er fuhr um den ganzen See und wieder zurück. Die ganze Zeit fühlte er den frischen Wind an seinen Backen und in seinen Haaren. Und er fühlte sich stolz und frei wie ein Vogel.

Als er wieder am Kastanienbaum angelangt war, zog er die Handbremse. Der Lenker wackelte ein bißchen, als er absprang. Dann lehnte er das Rad wieder an den Stamm. Das Vorderrad drehte sich dem Stamm zu, als wollte es ihm guten Tag sagen.

Erst jetzt wunderte sich Lenard, daß er alles sehen konnte, obwohl es doch Nacht war. Aber dann saß er in seinem Bett und hatte immer noch dieses stolze freie Gefühl. Auch ein bißchen Muskelkater in den Oberschenkeln, so meinte er jedenfalls.

Das Fieber war verschwunden, und am Frühstückstisch sagte er: „Ich will ein Fahrrad."

„Das heißt nicht, ich will, sondern kann ich bitte…", verbesserte ihn der Vater. Doch dann stutzte er. „Was hast du gerade gesagt?"

„Kann ich bitte ein Fahrrad haben", sagte Lenard.

„Na, dann reservieren wir dir aber gleich auch einen Platz im Unfallkrankenhaus", sagte seine Schwester spöttisch.

Aber Lenard ließ sich nicht beirren. Jeden Morgen wiederholte er seinen Wunsch nach einem Fahrrad. Alle dachten, es sei am besten, das gar nicht zu beachten. Eines Tages kam Opa zu Besuch. Der hatte das mit dem Fahrrad noch nicht gehört und nahm es ernst.

„Du wünschst dir also ein Fahrrad, mein Junge. Ja, kannst du denn schon fahren?"

„Natürlich", sagte Lenard. „Ich übe ja jede Nacht."

„Warum kauft ihr denn dem Jungen dann kein Fahrrad? Bewegung ist doch so gesund", sagte Opa.

Die anderen sahen sich vielsagend an. „Ach Opa, du kennst eben unsern Lenard nicht."

Opa setzte sich mit Lenard auf die Gartenbank.

„Jetzt erzähl mir mal, wie du übst", sagte er.

Lenard erzählte ihm alles ganz genau. Opa war früher auch ein guter Radfahrer gewesen und kannte viele gute Tips.

„Du darfst nicht zu lange im Freilauf bleiben, sonst verlierst du zu viel Schwung und mußt dann zu stark treten", sagte er.

„Ja, und dann wackelt das Rad so und kippt beinahe um", sagte Lenard bestätigend. „Und ich komme ganz außer Puste."

Opa lachte. „Du bist wirklich mein Enkel", sagte er. „Jetzt übst du noch ein bißchen, bis ich das Geld zusammen habe. Und dann kaufe ich dir ein Fahrrad."

Nach einer Weile war es soweit. Opa kam mit seinem Auto vorgefahren, der Kofferraum war halb offen, und heraus ragte ein kleines Fahrrad, schön metallic-grün, mit fünf Gängen, mit Klingel, Licht und Handbremse und einem kleinen grünen Helm. Lenard strahlte wie ein Weihnachtsbaum. Opa setzte ihm den Helm auf und gab ihm das Fahrrad in die Hand.

„Ach du liebe Zeit", sagte Mama.

Da bekam Lenard wieder Angst, so sehr, daß er das Fahrrad kaum halten konnte. Aber Opa sagte ruhig: „Mach's genau, wie du es geübt hast."

Lenard stellte das rechte Pedal nach unten und seinen rechten Fuß darauf. Er schob das Fahrrad ein bißchen an, schwang elegant das linke Bein über den Sattel und trat sogleich ins linke Pedal. Das Fahrrad hatte nicht einmal gewackelt, und weg sauste der Kleine mit dem grünen Helm.

Mama, Papa und die Schwester kriegten ihren Mund nicht mehr zu vor Staunen.

„Ja, aber", stotterte die Schwester. „Woher kann er das denn?"

„Er hat doch immerzu geübt", sagte Opa.

„Wo denn?" fragte die Schwester ungläubig.

„Im Traum", erklärte der Großvater.

„Na also, wie find ich denn das!" sagte Papa, halb entrüstet, halb stolz.

„Den Seinen gibt's der Herr im Schlaf", sagte Mama träumerisch.

„Ja", bestätigte Opa. „Am Tage hatte er ja auch keine Chance bei euch."

Diese Bemerkung stimmte alle nachdenklich, und sie ertappten sich dabei, daß sie insgeheim gerade wieder auf das Geschepper eines hinfallenden Fahrrads warteten. Da schämten sie sich, und jeder gelobte im Stillen, sich zu bessern.

Lenard kam wieder.

„Du, Opa, es ist alles genau gegangen wie im Traum. Es war sogar noch schöner, weil ich auch einen Helm habe."

Und rums kippte er mit dem Fahrrad um, denn er hatte vergessen zu bremsen.

„Gut", sagte Opa. „Jetzt hast du gleich auch noch den Helm ausprobiert."

Lenard nahm stolz den Helm vom Kopf und betrachtete seine grün schillernde Farbe. Dann sah er hinauf zu seinem Traumbaum, der leise und freundlich rauschte.

„Der Kastanienbaum hat nämlich…", begann er. Aber da fiel ihm eine Kastanie auf die Schulter, und er schwieg. „Schsch, schsch", rauschte der Traumbaum.

Lenard wurde ein ebenso guter Radfahrer wie sein Großvater. Außerdem lernte er noch viele nützliche Dinge von seinem Traumbaum, denn im Traum geht erstmal alles. Man hat kein bißchen Angst, und niemand sagt: Das kannst du nicht. So kann man in aller Ruhe üben und neue Ideen sammeln.

Vielleicht steht irgendwo bei Euch auch so ein Traumbaum herum.

Das Einrad

Kennt Ihr den Izkul? Ich kenne ihn auch noch nicht lange. Das heißt, ich kenne ihn überhaupt nicht. Aber seine Geschichte kenne ich. Na, das war vielleicht ein Kerl! Fleißig wie eine Ameise und lustig wie eine Grille. Ja, Grillen hatte er viele. Im Kopf, meine ich. Er war mutig wie ein Löwe. Aber leider auch arm wie eine Kirchenmaus. Und was man gar nicht auf den ersten Blick vermutete: Ein Herz hatte dieser Izkul, ein Herz wie ein Rotkehlchen.

Na ja, was ich eigentlich erzählen wollte: Der Izkul wünschte sich ein Fahrrad. Er hatte aber leider keine Paten, von denen er es sich zum Geburtstag hätte wünschen können. Und seine Eltern hatten keinen roten Pfennig übrig, so sehr sie auch ihre Taschen umdrehten.

Izkul dachte daran, sich ein Fahrrad zu stehlen. Standen nicht überall so viele herum, blitzend und verführerisch? Es würde gar nicht auffallen, wenn… Na doch. Der, dem's dann fehlte, der würde es schon merken. Aber der konnte sich bestimmt ein neues kaufen.

Einmal stand Izkul neben so einem Rad und strich sehnsüchtig über

das glänzende Gestänge. Er probierte sogar die Klingel und die Handbremse aus. Da fing doch dieser Drahtesel plötzlich an zu reden: „Nimm
deine Finger von mir. Du kitzelst mich."

Izkul zuckte zusammen und sah sich um.

„Du brauchst gar nicht so dumm zu gucken", fuhr der Drahtesel fort.
„Ich weiß schon, was du vorhast. Aber wenn du mich mitnimmst, werde
ich immerzu quietschen: Er hat mich geklaut, er hat mich geklaut, er hat
mich geklaut."

Izkul weinte. Er hatte diesen übergroßen Wunsch, dieses riesige Ver-
langen, das wohl nicht und nie würde erfüllt werden können. Der Drahtesel hatte zwar kein Mitleid, aber ihm war ein anderer Spruch eingefallen.
Er stand schräg im Ständer. Also drehte er sein Vorderrad und plapperte
immerzu: „Bete und ar-beteundarbeteundarbeteundarbeteund-ar-be-
te." Dann blieb das Rad stehen.

Izkul ging nach Hause, ganz wirr im Kopf. Als er am nächsten Morgen
aufwachte, fiel ihm das Rad wieder ein, das sich drehte. Arbeite, sagte es.
Natürlich! Arbeiten mußte er und sich das Geld für sein Fahrrad selbst
verdienen. Sofort sprang er aus dem Bett und lief zum Kaufmann an der
Ecke. Er half ihm, die Obstkisten auszuladen und Obst und Gemüse
schön auf dem Tisch auszubreiten. Dann kehrte er den Fußboden, sor-
tierte Päckchen mit Mehl, Hirse, Zucker und Linsen in die Regale, stapel-
te die alten Kisten im Hof und wusch die Milchkannen aus. Er holte Kaffee für den Kaufmann und seine Frau und brachte einen Brief zur Post.
Schließlich half er beim Wegräumen und Schließen des Ladens.

Als er am Abend nach Hause kam, taten ihm alle Knochen weh. Aber er
hatte sein erstes Geld in der Hand. Stolz tat er es in ein Marmeladenglas,

schraubte den Deckel drauf und stellte es auf den Küchenschrank. Lange saß er da und schaute es an.

„So", sagte sein Vater. „Endlich verdienst du also auch etwas für deine Familie." Izkul fing schon an, um sein Geld zu zittern. Seine Mutter legte ihre Hand auf Vaters Arm: „Unser Izkul wird erwachsen. Er hat jetzt ein Ziel. Aus dem wird mal was ganz Großes."

Izkul meinte, tief in Vaters Bart ein Schmunzeln zu sehen. Da wurde er ruhig und aß seine Abendsuppe.

Was meint Ihr, wie lange dieser Junge arbeiten und sparen mußte, bis er das Geld für ein Fahrrad zusammen hatte?

Ja, ja. Manchmal wollte er schon aufgeben. Aber dann strich er auch noch den Zaun des Nachbarn, paßte auf die kleine Schuschima auf, wenn ihre Mutter zum Markt mußte. Er ging mit dem Hund von Frau Nasi spazieren und mähte die Wiese von Herrn Patolka. Doch, doch, zwischendurch ging er auch mal in die Schule. Aber man muß zugeben, damit nahm er es zu dieser Zeit nicht sehr genau. Der Mittelpunkt seines Lebens war nun einmal das Marmeladenglas auf dem Küchenschrank. Das wurde immer voller und voller. Schließlich mußte er sogar ein größeres nehmen und das Geld umfüllen.

So vergingen der Sommer und auch der Winter. Aber eines Tages im Frühling, da hatte er doch tatsächlich alles Geld beieinander. Wer hätte das gedacht? Eines Samstags wusch und kämmte er sich ordentlich und ging mit seinem Vater zum Fahrradhändler.

Da wurde er nun stolzer Besitzer eines Drahtesels. Er setzte sich drauf und fuhr los. Sein Vater staunte. Izkul fuhr und fuhr. Der Wind sauste um seine Ohren. Das war wohl das schönste Gefühl seines ganzen Lebens. Er schwebte wie auf Wolken.

Rums, schepper, klirr. Auf einmal lag Izkul unterm Fahrrad, zusammen mit Inta. Er hatte sie einfach umgefahren. Das Vorderrad drehte sich weiter in der Luft, und Inta, die aus der Nase blutete, sah es fasziniert an.

„Du hast also endlich ein Fahrrad", sagte sie und schimpfte kein bißchen. Izkul blutete aus mehreren Schürfwunden. Sein Knie schmerzte. Aber er hatte nur Augen für Inta. Es war alles so absurd.

Plötzlich fing Inta an zu weinen, und Tränen und Nasenblut vermischten sich. „Ich werde wohl nie ein Fahrrad bekommen", jammerte sie. Izkul wagte nicht, sich zu bewegen. Inta weinte also nicht vor Wut und Schmerz, sie weinte, weil sie kein Fahrrad bekommen konnte.

Izkul, dem Inta schmerzhaft auf dem Knie lag, fühlte eine große Güte in sich aufwallen. Er wollte diesem wunderbaren Wesen, aus dessen sternklaren Augen die Tränen wie Perlen fielen, ja, er wollte ihr augenblicklich sein Fahrrad schenken.

„Dann nimm's doch erst mal von uns runter und stell's wieder hin", sagte Inta praktisch und mit silberheller Stimme. Izkul rappelte sich auf. Der nie gekannte Augenblick süßer Nähe war verflogen. Inta putzte ihr Gesicht mit dem Ärmel ab.

„Darf ich mal draufsitzen?" fragte sie. Humpelnd schob Izkul Inta auf dem Fahrrad nach Hause. Je länger er humpelte und schob, desto mehr verflog seine überquellende Güte. Sie machte einer tiefen Verdrossenheit Platz. Und dann hörte er Inta auch noch sagen:

„Du, Izkul, könnten wir uns das Fahrrad nicht teilen?"

Wortlos stellte Izkul zu Hause sein verbeultes Fahrrad ab, wortlos ging er in sein Zimmer. Aller Mut hatte ihn verlassen. Er legte sich ins Bett und wollte nie wieder aufstehen. War nicht die Arbeit eines ganzen Jahres umsonst? Er hatte Angst, nie wieder in seinem Leben etwas erreichen oder sich wünschen zu können. Am liebsten wollte er sterben. Schließlich schlief er ein.

Als er aufwachte, saßen seine Eltern an seinem Bett. Sie machten sich Sorgen. Die ganze Zeit hatten sie bei ihm Wache gehalten.

Mutter hatte seine Schürfwunden verbunden. Vater sagte:

„Geh doch noch mal zum Fahrradhändler und frag ihn um Rat."

Izkul ging also wieder zum Fahrradhändler und legte ihm seinen Fall dar. Er erzählte ihm, wie es gekommen und geschehen war, der Unfall, Inta und ihre Wünsche, seine Hoffnungslosigkeit und einfach alles. Ob denn mit dem Rad noch was zu machen sei?

Zum Glück traf er auf einen Mann, der zu Erfindungen neigte. An seiner Wand hing ein Spruch, der lautete:

„Manche Menschen sehen Dinge, die es gibt, und fragen: Warum?

Ich träume von Dingen, die es niemals gab, und frage: Warum nicht?"

Das, liebe Leute, war die Geburtsstunde des Einrades. Da er es sowieso reparieren mußte, machte der Mann gleich aus einem Fahrrad zwei. Das machte er ganz umsonst, denn es war ja eine Erfindung, eine Erfindung für die Liebe. Izkul und Inta wurden die ersten Einradakrobaten der Welt und sehr berühmt. Izkuls Mutter hatte es ja immer schon gewußt.

Es sah auch wirklich zu reizend aus, wenn die beiden Hübschen ihre Kapriolen machten, einander nachjagten, um dann gemeinsam hintereinander herzufahren, so daß die beiden Räder wieder wie eins aussahen. Dafür mußten sie natürlich viel üben. Aber das machte ihnen nichts aus. Noch manches Mal lagen sie mit aufgeschlagenen Knien unter einem Rad. Dann flüsterte Inta zärtlich: „Weißt du noch?"

Und Izkul wußte jetzt, daß die schlimmste Stunde seines Lebens auch die beste gewesen war, denn sie hatte seinem Leben eine neue Richtung gegeben. Ich sage nur: Inta und Einrad.

Da drüben zu den Weidenbüschen

Mirko sah seinen Brüdern beim Schwimmen zu. Sie sprangen vom Dreimeterbrett, vom Fünfmeterbrett und schubsten sich gegenseitig vom Rand ins Becken. Das ging alles sehr schnell und sehr wild zu, und die Brüder sahen auch nicht immer glücklich dabei aus. Besonders wenn jemand unverhofft reinfiel, Wasser in Nase und Augen bekam, dann mußte er doch mächtig nach Luft ringen und zusehen, daß er nicht unterging. Mirko kam zu der Überzeugung, daß Schwimmen etwas sehr Unangenehmes, Gefährliches und schwer zu Erlernendes war. Darum wollte er eigentlich gar nicht erst damit anfangen.

Aber da kannte er seine Brüder schlecht.

„Schwimmen lernt man nur, wenn man ins Wasser geschmissen wird. Dann muß man einfach schwimmen", rief einer der Brüder. Und schon flog Mirko ins Wasser. Aber er schwamm nicht, sondern ging wie ein Stein unter. Dann strampelte er um sein Leben und wäre tatsächlich beinahe ertrunken, wenn einer der Brüder ihn nicht gerettet hätte.

Mirko war grün im Gesicht und erbrach das geschluckte Wasser.

Der Bademeister schimpfte. So etwas wolle er hier nicht mehr erleben. Die Brüder waren wütend auf sich und auf Mirko. Und Mirko schämte sich. Es war eine völlig verfahrene Situation. Mirko ging nicht mehr mit ins Schwimmbad. Die Eltern wußten gar nicht warum.

Dann freundete er sich mit Kindern aus seiner Klasse an. Die gingen sonntags immer an den Baggersee. Jessika war auch dabei. Die mochte Mirko ziemlich gern. Darum ging er einmal mit zum Baggersee. Natürlich zogen alle sofort ihre Badehosen an und liefen ins Wasser.

„Ach", dachte Mirko. „Ich tu einfach mal so." Er lief also mit ins Wasser und tat so, als ob er schwimmen könne. Er schwamm aber nur mit den Armen und mit einem Bein. Mit dem anderen Bein stützte er sich ab und zu am Grund des Sees ab. Niemand merkte was, denn alle Kinder schwammen sowieso nur in Ufernähe herum.

Sonntag für Sonntag, und manchmal auch während der Woche, ging Mirko nun mit den anderen zum Baggersee und tat so, als ob er schwimmen könne. Den ganzen Juli über mogelte er sich so durch und hatte viel Spaß dabei, besonders mit Jessika. Und eines schönen Sommertages wisperte Jessika ihm zu:

„Komm, wir zwei schwimmen den andern fort. Wir schwimmen da drüben zu den Weidenbüschen."

Mirko war so begeistert, daß Jessika mit ihm allein sein wollte, daß er sofort zustimmte und mit ihr zu den Weidenbüschen schwamm. Dort stiegen sie an Land und lagen eine Weile in der Sonne hinter den Büschen. Jessika sagte, sie würde ihn mal ihr Tagebuch lesen lassen, und er versprach ihr ein Körbchen Erdbeeren aus seinem Garten. Er streichelte auch wie rein zufällig mal ihren Arm.

Dann stiegen sie wieder in den See und schwammen zurück.

Als Mirko nach Hause radelte, war er verliebt und glücklich.

Aber da war noch irgend etwas. Irgend etwas war ganz anders als vor diesem wunderbaren Tag. Aber Mirko kam nicht drauf, was es war.

Als er am nächsten Tag an den See kam, stand Jessika schon bei den Weidenbüschen und winkte ihn zu sich. Mirko stieg sofort ins Wasser und schwamm zu ihr rüber. Und da, mitten im See, fiel ihm ein, was ihm gestern nicht eingefallen war: Er konnte ja gar nicht schwimmen!

Eigentlich hätte er jetzt ertrinken müssen, denn er war mitten auf dem tiefen See. Aber dann sagte er sich: ‚Jetzt hab' ich so lange gemogelt, und gestern habe ich mich sogar über den ganzen Baggersee gemogelt, ohne es zu merken, da mogele ich mich jetzt eben auch rüber.' Und das tat er.

Sein Leben lang behauptete Mirko, niemals schwimmen gelernt zu haben. „Aber du schwimmst doch weite Strecken", sagten ungläubig seine Freunde, mit denen er den Sommer am Meer verbrachte.

„Ne, ne, ich tue nur so", sagte er dann. „Ich habe immer nur gemogelt." Und dabei sah er seine geliebte Jessika an und dachte an die Weidenbüsche am anderen Ufer.

Es wäre ja auch zu komisch, wenn man, ohne es zu merken, einfach so nebenbei schwimmen lernen könnte. Oder etwa nicht?

Kleiner Vogel ganz groß

Es gibt einen Vogel. Sehr klein. Er pickt die allerkleinsten Würmchen und die winzigsten Spinnen. Er huscht so schnell um Hecken und Zäune, daß man ihn gar nicht sieht, wenn man nicht genau hinschaut. Und wer tut das schon.

Weite Flüge macht er nicht, der Vogel. Und wenn er sich aufregt, dann stellt er auch noch sein Schwänzchen hoch, um sich noch kleiner zu machen. Sein Federkleid sieht aus, als sei es ihm etwas zu klein, denn es ist nur oben fein braun gesprenkelt. Untenherum ist es hell, als habe er eine Spielhose an. Alle seine Vorfahren sind auch so klein gewesen. Das hat ihnen nichts ausgemacht, denn wer kaum Platz wegnimmt und so wenig ißt, hat keine Neider und Feinde.

Einmal, und das war noch lange vor der Eiszeit und bevor diese kleinen Vögel über die Beringstraße zu uns nach Europa kamen, also da lebte auch so ein winziger Kerl. Das war zu der Zeit, als es in Mode kam, einen König zu wählen. Die Säugetiere hatten gerade den Löwen zu ihrem König gewählt. Nun wollten die Vögel auch einen haben. Sie versammelten sich deshalb an einem Wasserloch in Afrika und beratschlagten, wen sie zu ihrem König wählen sollten.

„Der Löwe wurde zum König der Säugetiere gewählt, weil er am lautesten brüllen kann. Damit verschafft er sich Respekt. Wenn er des Nachts brüllt, dann erstarrt den anderen Tieren vor Furcht das Blut in den Adern", berichtete der Rabe.

„Wozu soll denn das gut sein?" fragte die Schwalbe.

„Wenn einer so einen Schrecken kriegt und Angst hat vor dem Gebrüll, dann steht er da wie erstarrt. Und dann hat er eben sehr Angst", sagte das Rotkehlchen.

„Na und?" sagte die Schwalbe schnippisch. „Ich würde dann halt einfach in ein anderes Land fliegen."

„Kann einer von euch so gewaltig brüllen?" fragte die Turteltaube.

„Ja, ich", rief der große Papagei und fing ganz laut zu krächzen an. Alle anderen Vögel lachten.

„Das treibt einem nicht gerade den Angstschweiß unter die Federn", kicherte die Lachtaube. Storch und Kranich standen im Tümpel und kühlten sich die Füße, Enten und Gänse kühlten sich den Bauch.

„Schreien ist ja auch nicht die hervorragendste Eigenschaft für einen Vogel", sagte der schwarze Schwan verächtlich.

„Was denn dann?" schrillte das Blesshuhn. Es schien immer irgendwie beleidigt.

Die großen Vögel, allen voran der Kondor, reckten ihre Flügel und sahen sich an. Schließlich bemerkte der Habicht:

„Na, ich möchte mal sagen, das Fliegen. Fliegen ist die hervorragendste Eigenschaft von Vögeln."

Hühner und Enten gackerten mißbilligend, wagten aber nicht, laut zu widersprechen.

„Na, dann wollen wir mal. Derjenige, der am nächsten zur Sonne fliegen kann, der soll König sein", sagte der Adler.

Das fanden alle fair und waren sehr damit einverstanden. Alle machten sich zum Abflug bereit. Besonders die Zugvögel rechneten sich große Chancen aus. Nur der Kronenreiher sagte: „Eigentlich habe ich ja schon die Krone." Aber im allgemeinen Geflatter hörte niemand auf ihn.

Der Kuckuck wollte sich nicht am Wettbewerb beteiligen.

„Ich werde den Startruf geben", sagte er. „Aber es gilt erst der zweite. Also fliegt nicht beim Kuck los, sondern erst beim Kuckuck. Sonst seid ihr disqualifiziert."

Nachdem die Eule lang und breit erklärt hatte, was disqualifiziert heißt, stellten sich alle in einem Kreis auf und – los ging es. Außer ein paar kleineren Vögeln, die sich vor Aufregung sofort disqualifiziert hatten, flog nun jeder, der fliegen konnte, immer höher und höher der Sonne entgegen. Es war ein herrlicher Anblick.

Langsam kehrte aber ein Vogel nach dem anderen zur Erde zurück, weil seine Flügel erlahmten. Schließlich war nur noch der Adler übrig, und alle beobachteten gespannt, wie weit er es denn noch schaffen würde. Aber dann geschah etwas Merkwürdiges.

Gerade, als auch dem Adler die Flügel versagten und auch er zur Erde zurückkehren mußte, erhob sich aus seinem Gefieder ein winziger Geselle und flog noch ein gutes Stück höher, der Sonne entgegen. Auch wenn es nur zwanzig, dreißig Meter waren, so war er doch näher an die Sonne herangekommen als der Adler. Fröhlich zwitschernd ließ er sich danach zur Erde hinuntertrudeln.

Der Tumult war unbeschreiblich. Die Vögel schrien und schnatterten und flatterten durcheinander.

„Sollen wir uns etwa von so einem Winzling regieren lassen?"

„Ach, das war doch Betrug!"

„Natürlich ist der Adler der eigentliche König."

„Aber der Kleine war tatsächlich näher an der Sonne dran."

„Mit so einem kleinen König werden wir doch zum Gespött der ganzen Welt!"

„So klein und ganz schön listig!"

„Das muß man sich ja nicht bieten lassen."

„Weißt du denn, ob der Adler besser ist?"

So ging es hin und her. Der kleine Vogel wußte überhaupt nicht, wie ihm geschah. Während der langen Diskussionen zuvor hatte er es sich auf der Schulter und im Gefieder des Adlers gemütlich gemacht und war ein wenig eingenickt. Dann hatte er nur noch etwas von „zur Sonne fliegen" gehört. Und als ihn der Adler nicht mehr weitertragen konnte, war er halt noch ein Stückchen auf eigene Kralle geflogen. Was war das Problem?

Als der Streit immer heftiger wurde und keine Lösung in Sicht war, beschlossen die Vögel, daß sie die Schöpfung selbst um Rat fragen wollten. So ließ also die Schöpfung alle Vögel kommen und auf den verschiedensten Wolken Platz nehmen. Geduldig hörte sie allen Erklärungen, Beschuldigungen, Beobachtungen und Gegendarstellungen zu. Schließlich sagte sie:

„Es wurde ausgemacht: Wer am nächsten zur Sonne fliegen kann, soll

König der Vögel werden. Es wurde nicht gesagt: von der Erde aus. Auch wenn das die meisten gemeint haben mögen. Der Sonne am nächsten ist dieser kleine Vogel gekommen, also sollte er auch der König sein."

„Ich soll König sein?" zwitscherte der kleine Vogel erstaunt. „Was muß ein König denn machen?"

„Ein König ist der erste Diener seines Volkes", sagte die Schöpfung freundlich. „Er sorgt für Gerechtigkeit, Schutz und Freude unter seinem Volk. Auch für Wohlwollen, Frieden und Liebe. Er ist ein Sinnbild für Schönheit und Stärke. Alle können auf ihn stolz sein.

Er ist gütig, weise und mutig, er hat für alle Sorgen ein offenes Ohr…"

Je länger die Schöpfung sprach, um so ängstlicher wurde der kleine Vogel. Wie sollte er mit seiner Winzigkeit dieses gewaltige, edle Bild eines Königs ausfüllen? Schließlich nahm seine Angst so überhand, daß er sich nur noch verkriechen wollte. Aber wo?

Er flüchtete sich wieder ins Gefieder seines großen Freundes, saß da eine ganze Weile, bis er wieder klar denken konnte.

Dann flüsterte er dem Adler ins Ohrloch. „Adler, du warst doch immer mein Freund. Könntest du mir jetzt wohl aus der Not helfen und für mich König sein?"

Der Adler sträubte sein Gefieder und tat sehr ablehnend. Noch lange ließ er sich bitten. Das liebliche Gewisper an seinem Ohr tat ihm wohl. Im Gegensatz zur Meinung vieler, die ihn für kalt und stolz hielten, war er ein gefühlvoller, aber oft sehr einsamer Vogel.

Schließlich sagte er: „Na gut. Für dich, kleiner Freund, werde ich das Königsamt übernehmen. Aber alle Welt soll nie vergessen, daß du der eigentliche König bist. Ich hoffe, du sitzt auch weiterhin oft auf meiner Schulter."

Die Schöpfung lächelte. Die Vögel jubelten. Und der kleine Vogel ist bis auf den heutigen Tag der einzige mit dem Namen König.

Wißt Ihr warum? Weil die Angst ihm den Mut gegeben hat, zu dem zu stehen, was er war: ein kleiner, schöner, bescheidener Vogel.

Zaunkönig heißt er, weil er an Zäunen und Hecken zu finden ist.

Der Adler hat die Regierungsgeschäfte übernommen. Oft sieht man ihn, wie er so auffällig seinen Kopf auf eine Seite dreht, als lausche er einem unsichtbaren Ratgeber. Wenn man dann näher hinsieht, kann man sehen, wie sich auf einer Schulter sein Gefieder so eigenartig bauscht, als säße jemand Kleines darunter. Man kann das sogar auf Bildern beobachten, auf denen der Adler eine Krone trägt. Ein Adler muß seinen Kopf so oft nach rechts und links gewendet haben, daß man ihn schließlich mit zwei Köpfen abbildete und den polnischen Doppeladler nannte. Wüßte man nicht, daß mal hie, mal da seine kleine Majestät, der Zaunkönig, auf seinen Schultern sitzt, hielte man das für ziemlich verrückt.

So aber wissen wir, daß nichts so ist, wie es scheint, daß man klein und ängstlich sein und doch für alle die richtige Entscheidung treffen kann, wenn man nur zu sich selbst steht und zu dem, wie man nun mal geschaffen ist.

Trennungsangst, Existenzangst

Die Strickjacke

Leo hatte Mama sehr lieb, und Mama hatte Leo sehr lieb. Lange Zeit waren sie wie eine Person gewesen, so gut kannten sie sich und so gut mochten sie sich leiden. Jetzt war Leo gerade drei Jahre alt geworden, und langsam dämmerte ihm, daß er ein Junge und ganz für sich allein war und da aufhörte, wo sein Körper aufhörte. Er war also nicht ein Teil von Mama und konnte schon ganz allein und ohne sie eine Weile vor dem Haus mit den anderen Kindern spielen. Nur manchmal mußte Mama zum Fenster rausschauen und ihm etwas zurufen.

Natürlich hatte Leo auch begriffen, daß Mama eine Frau ganz für sich allein war und möglicherweise auch mal ohne ihn weggehen konnte. Und eines Tages war es dann soweit.

Eine Weile zuvor war am Vormittag die Hiltrud gekommen. Leo mochte sie gut leiden und spielte, kochte und bügelte gern mit ihr zusammen. Aber an diesem Morgen sagte Mama: „Ich geh' jetzt ein bißchen arbeiten. Du spielst schön mit Hiltrud, und mittags bin ich wieder zurück."

Da war es Leo, als ginge die Welt unter, als löste sich alles in nichts auf, als müßte er ohne jeden Halt im Weltall herumschweben, ja, als würde er sich selbst jeden Moment in seine Einzelteile auflösen. Eine schreckliche Angst befiel ihn, und er fing an zu schreien und zu weinen. Da nahm ihn seine Mama auf den Arm – und augenblicklich war alles wieder gut.

„Hm", machte die Mama. „Weißt du, Leo, ich muß jetzt wieder arbeiten. Ich bin ja nicht aus der Welt, sondern nur in einem anderen Haus in unserer Stadt."

Sie malte Leo einen großen Kreis auf ein Blatt: Das war die Welt. In den großen Kreis malte sie einen kleinen Kreis: Das war ihre Stadt. In dem kleinen Kreis gab es zwei Punkte, die konnten mal zusammen, mal ein bißchen auseinander sein. Aber immer waren sie in derselben Stadt und in derselben Welt. Leo fand das sehr interessant. Er war bereit, die Welt mit Bäumen und Tieren auszuschmücken und die Stadt mit Häusern. Auch Mama und Leo wollte er malen.

„Na fein", sagte Mama. „Dann geh' ich jetzt mal."

Sie wollte sich aufrichten. Aber Leo krallte sich angsterfüllt an ihrer blauen Strickjacke fest. Mama mußte die Strickjacke ausziehen, um aufstehen zu können. Leo kuschelte sich hinein, wie in einen großen Mantel. Die Jacke roch nach Mama, fühlte sich an wie Mama, und die Knöpfe klapperten wie bei Mama.

Aber Mama stand daneben, und Tränen stiegen ihr in die Augen.

„Und ich?" fragte sie und war ganz verzweifelt.

Leo sah sie erstaunt an. Er hatte ganz vergessen, daß Mama ihn genau so vermissen würde wie er sie. Sie mußte ja ganz allein ohne ihn in die feindliche Welt hinaus. Leo sprang auf, rannte in sein Zimmer und kam mit seiner kleinen Strickjacke zurück.

„Hier", sagte er, „hastu meine Strittjatte. Nu brauchstu aber gar keine Angst mehr zu haben."

Mama küßte ihren kleinen Leo auf die dicken Backen, nahm die kleine Strickjacke und für alle Fälle noch ihren Mantel mit und ging zur Arbeit. Leo malte und spielte den ganzen Vormittag sehr zufrieden mit Hiltrud.

Er trug die ganze Zeit die blaue Strickjacke. Die roch wie Mama, fühlte sich an wie Mama, und die Knöpfe klapperten wie bei Mama. Da machte es gar nichts aus, daß Mama eine halbe Stunde zu spät zum Mittagessen kam.

„Deine kleine Strickjacke hat mir sehr geholfen", sagte sie. „Und mein Chef will sich auch so eine von seinem Sohn mitbringen, denn er hat morgen einen schweren Tag."

Die arme Kirchenmaus

Früher einmal lebte Amelie in einem Flüchtlingslager. Da gab es jeden Tag nur zwei Scheiben Brot und einen Teller Suppe zu essen. Immer hatte sie Hunger, und viele Menschen fürchteten, ganz zu verhungern. Das ist freilich schon lange her, aber es hätte auch gestern sein können, so deutlich fühlt Amelie noch die Angst und Wut, die sie überfiel, als eines Tages eine kleine Maus ihre Scheibe Brot angeknabbert hatte. Aber was so schlimm scheint, kann oft zu etwas sehr Gutem Anlaß geben. Das Gute war, daß ihr daraufhin eine unbekannte Frau eine wunderschöne Mäusegeschichte erzählte. Das Flüchtlingslager gibt es nicht mehr, aber die Mäusegeschichte, die den Hunger für eine Weile vergessen machte, die gibt es noch. Und die geht folgendermaßen:

„Mit der Mausheit war es eigentlich genau wie mit der Menschheit. In frühgeschichtlichen Zeiten zogen Menschen und Mäuse von Ort zu Ort, immer dorthin, wo es etwas zu essen gab, und weg von den Plätzen, die kahlgefressen – Verzeihung – leergegessen waren.

Das ging auch gut, denn im Vergleich zu heute gab es damals verschwindend wenig Menschen und Mäuse. Das änderte sich allerdings mit der Zeit. Als es schließlich immer öfter vorkam, daß die wandernden Familien schon andere Mäuse an einem nahrhaften Ort vorfanden, da entschlossen sich die Mausfrauen, seßhaft zu werden und den Ackerbau und die Vorratshaltung zu erfinden. Die Menschenfrauen machten es ihnen nach. Frauen wollen ja immer nur ein fröhliches Leben führen und sich und ihre Kinder gut ernähren.

Nicht so die Männer. Diese hatten einen komischen Tick, der hieß: Wer ist der Beste? Die einen bauten wie verrückt, und die anderen ackerten wie verrückt. Weil sich aber niemals endgültig feststellen läßt, wer der Beste ist, bauen und ackern sie noch heute – wie verrückt.

Von da an waren nicht mehr alle gleich. Es gab Stadtmäuse und Feldmäuse. Die Feldmäuse verachteten die Stadtmäuse und umgekehrt.

‚Ihr feinen Pinkel könnt ja ein Rübenfeld nicht von einem Kartoffelacker unterscheiden‘, piepsten die Feldmäuse böse. ‚Ihr ernährt euch von Zuckerstücken und Pasteten und anderen Unnatürlichkeiten. Außerdem seid ihr total von den Menschen abhängig.‘

Die Stadtmäuse konnten darüber nur lächeln.

‚Ihr grauen Feldmäuse wißt ja nicht, was gut ist‘, sagten sie von oben herab und strichen sich ihre eleganten Barthaare. ‚Seht euch doch mal an mit eurem glanzlosen Fell und euren rissigen, dreckigen Arbeitspfoten. Ihr nennt uns abhängig? Daß wir nicht lachen. Ihr seid vom Wetter abhängig, ganz und gar und total!‘ Und während es auf den Feldern regnete und hagelte, zogen sie sich in ihre feinen Steinhäuser zurück und ernährten sich weiter von edlen, aber ungesunden Speisen, die ihnen die Menschen, allerdings eher unfreiwillig, bereiteten.

69

Solche Reden hörte von früher Kindheit an eine Maus. Sie war klein, aber klug, schnupperte überall herum und dachte nach.

,Gibt es etwas, das nicht von einem Schmalztopf und gutem Erntewetter abhängig ist?' fragte sie sich.

Nun hatte die Kleine gesehen, daß Menschen, die eine Frage hatten, in ein bestimmtes Haus gingen, aus dem sie dann ohne Fragen und mit befriedigtem Gesichtsausdruck wieder herauskamen.

Bibliothek nannten sie das, und dorthin ging unsere kleine Maus nun auch, denn Menschen und Mäuse sind einander nahe.

Die kleine Maus ging, wie gesagt, in dieses Haus und kam in einen großen Raum, der wie eine Speisekammer eingerichtet war. Überall standen Regale herum. Sie waren aber nicht mit Äpfeln, Marmelade und Wurst gefüllt, sondern mit eckigen Gegenständen. Diese Gegenstände nahmen die Menschen heraus, klappten sie auf und steckten ihre Nasen hinein. Sie murmelten dabei manchmal auch leise vor sich hin, klappten sie dann wieder zu und stellten sie befriedigt ins Regal zurück.

Unsere kleine Maus holte sich also auch so ein Ding, setzte sich unter einen Stuhl, klappte es auf und – war sehr überrascht. Nichts war darin als ein modriger Geruch und lauter kleine Wäscheleinen, auf denen schwarze Dingerchen aufgehängt waren.

Eine Maus macht sich die Welt durch Knabbern zu eigen. Und so knabberte unsere kleine Maus an den Wäscheleinen entlang. Zuerst fraß sie alle runden Dingerchen ab. Der Text – denn du wirst schon erraten haben, daß es sich hier um Bücher und Textzeilen handelt – der Text also sah zuerst so aus (die fremde Frau schrieb ihn auf ein Blatt Papier):

Der Wolken, Luft und Winden
Gibt Wege, Lauf und Bahn,
Der wird auch Wege finden,
Da dein Fuß gehen kann.

Nachdem die Maus alle As, Es, Os und Us rausgeknabbert hatte – die Is waren ihr zu pieksig –, da sah der Text so aus:

Dr Wlkn Lft nd Windn
gibt Wg, Lf nd Bhn,
Dr wird ch Wg findn,
D din Fß ghn knn.

Dabei blieb es jedoch nicht. Am nächsten Tag kam die Maus wieder und knabberte nun den ganzen Rest weg, sie verleibte ihn sich sozusagen ein.

(Die Leute, die sich nach ihr das Buch ausgeliehen haben, müssen ganz schön über die leere Seite gestaunt haben.)

Unsere kleine Maus aber ahnte, daß in dem, was sie geknabbert hatte, eine Antwort auf ihre Frage steckte.

Der Wolken, Luft und Winden,

Gibt Wege, Lauf und Bahn…: Wer mochte das sein?

Sie knabberte noch eine Weile in allen möglichen Büchern herum. An manchen kann man es noch heute erkennen. Da fehlen ziemlich viele Vokale, und vier, fünf Konsonanten kommen so hintereinander zu stehen. Die polnische Sprache hat zum Beispiel so eine mäusefräßige Schrift.

Aber dann bekam die Maus Magenbeschwerden und hörte auf zu knabbern. Sie machte sich statt dessen auf, um Wege, Lauf und Bahn zu suchen. Sie lief durch alle Häuser und Hütten in Stadt und Land. Schließlich kam sie in ein Haus, so schön, wie sie noch keines gesehen hatte. Die Decke war mit Wolken, Luft und Winden bemalt, mit Sonne, Mond und Sternen. Die Fenster leuchteten in den sieben Farben des Regenbogens, und die Möbel waren schön geschnitzt und zum Teil vergoldet. Kerzen brannten, es duftete süß, und tausen Pfeifen spielten eine liebliche und zugleich mächtige Melodie. Von einem Holzbalkon aus erzählte ein Mann

71

eine Geschichte. Die Maus setzte sich auf ihre Hinterpfoten und hörte ihm zu.

Danach gingen alle, die gekommen waren, zufrieden nach Hause. Nur die kleine Maus blieb da. ‚Hier bin ich, und hier bleibe ich‘, sagte sie zu sich, wickelte sich in den Zipfel eines Tischtuchs und schlief ein.

Anderntags lud sie stolz alle Verwandten und Bekannten in ihre neue Wohnung ein. Jedermaus bewunderte ihre herrliche Inneneinrichtung. Die kleine Maus kletterte auf den Holzbalkon und erzählte die Geschichte, so wie sie sie tags zuvor gehört hatte. Die Mäuse lauschten ergriffen.

Dann kam der Organist, um zu üben. Aber die Mäusegesellschaft meinte, er spiele eigens für sie auf den tausend Pfeifen, und klatschte vor Freude in die Pfoten. Davon bemerkte der Organist leider nichts.

Als er gegangen war, wurde es Zeit für den üblichen Festschmaus. Aber da war nichts. So sehr sie auch in allen Winkeln und hinter allen Türen suchten, es gab in diesem Haus weder Küche noch Keller noch Speisekammer.

‚Du arme, arme kleine Maus‘, sagten die Verwandten und Bekannten mitleidig und auch ein wenig vorwurfsvoll. ‚Mußt du dir denn ausgerechnet so ein Haus zum Wohnen aussuchen? Wie heißt es überhaupt?‘

‚Kirche‘, piepste die kleine Maus. ‚Und wenn ihr wollt, piepse ich euch statt Kuchen noch ein Lied vor, das ich neulich geknabbert habe. Denn ihr müßt wissen, wenn maus so etwas knabbert, das bleibt für immer, das wird nie alle, so wie etwa Speck und Zuckerstückchen.‘

Nun, was blieb ihnen übrig? Etwas enttäuscht ließ sich der Mäuseclan auf der Orgelbank nieder. Die kleine Maus stellte sich auf das Notenpult und sang:

Der Wolken, Luft und Winden
Gibt Wege, Lauf und Bahn,

Der wird auch Wege finden,
Da dein Fuß gehen kann.

Die Mäuse seufzten tief und trippelten danach einträchtig nach Hause. Eine sagte: ‚Sie hat zwar keinen Speck, die arme Kirchenmaus, dafür aber Phantasie und Vertrauen. In welcher Speisekammer ist das sonst noch vorzufinden?'"

Amelie sagt, sie habe von einer kleinen Maus und einer fremden Frau gelernt, daß Geschichten ebenso wichtig seien wie Brot. Und das nicht nur in Flüchtlingslagern. Zwar kann man ohne Nahrung nicht leben, aber ohne Geschichten auch nicht. Man braucht sie in guten wie in schlechten Tagen.

Wenn Waffen verschwimmen

„Jetzt ist es schon halb zwölf, und du schläfst immer noch nicht!" sagte die Mutter vorwurfsvoll, als sie von einem Vortrag zurückkam, den sie in der Volkshochschule gehalten hatte.

Sophie saß zusammengekauert in ihrem Bett. „Ich kann nicht", sagte sie. „Ich hab' so Angst."

Die Mutter war erstaunt. „Wovor denn?" fragte sie und setzte sich zu ihrer Tochter aufs Bett.

„Vor dem Krieg."

Das verwunderte die Mutter noch mehr. „Aber wir haben hier doch seit

73

53 Jahren keinen Krieg mehr. Und es sieht auch nicht so aus, als gäbe es bald einen. Warum machst du dir also Sorgen?"

„Meine Freunde kommen aber aus Afghanistan, Eritrea und Bosnien. Und da ist überall Krieg. Und an vielen anderen Orten auch. Das weißt du doch. Und denk doch mal an die Kinder von Tschernobyl. Das war zwar kein Krieg, aber das Atomzeug. Warum haben die Menschen so eine Welt gemacht, Mutter? Um ihren Kindern angst zu machen?"

Die Mutter war sprachlos. Was hätte sie auch dazu sagen können? Es stimmte ja alles, was ihre Tochter da sagte, nur war es hier in Deutschland eben nicht so gegenwärtig.

„All deine Freunde sind nach Deutschland gekommen, weil hier kein Krieg und keine Hungersnot ist", sagte sie dann zögernd.

„Vielleicht solltest du keine Probleme lösen wollen, die es bei uns gar nicht gibt. Aber – ich mach' dir jetzt mal einen Birnentee mit Honig. Das ist gut für den Schlaf. Und morgen reden wir weiter, ja?"

Sophie sah ihre Mutter ernst und abweisend an.

„Denkst du, die Welt besteht nur aus unserer Stadt? Wenn das alles passieren konnte, was sie vom Krieg erzählen, dann kann es auch hier passieren, nicht nur in Jugoslawien, sondern auch hier, Mutter, hier bei uns." Voller Angst und Wut drehte Sophie sich zur Wand.

Aber dann trank sie doch den Birnentee und war froh, daß ein lieber Mensch sie warm zudeckte und die Nachtlampe brennen ließ, bis sie endlich eingeschlafen war. Die Mutter blieb noch lange wach.

Am Nachmittag des nächsten Tages sagte Sophie: „Du, Mutter, ich hab' heut nacht etwas geträumt. Ich zeig's dir mal."

Sie nahm ein Löschpapier, auf das sie mit Wasserfarben alle möglichen Waffen gemalt hatte: Pistolen, Gewehre, Kanonen, Granaten und Raketen.

Das Papier legte sie im Küchenwaschbecken in warmes Wasser. Da lösten sich langsam die Zeichnungen auf, und die Waffen verschwanden.

„Siehst du", sagte Sophie. „Ich habe geträumt, ich könnte in einem Moment alle Waffen auf der ganzen Welt verschwinden lassen. Einfach weg und fort für immer. Womit sollten die Menschen dann noch Krieg führen? Sie wären erstmal so geschockt, daß sie gar nichts machen würden. Sie könnten es kaum glauben. Aber dann, wenn es sich als richtig herausstellte, dann würden sie anders miteinander leben."

Sophies Mutter hatte dem allen aufmerksam zugesehen und zugehört.

Als sich die Zeichnungen der Waffen in nichts auflösten, ging das zauberhafte Gefühl der Lösung und des Friedens von ihrer Tochter auf sie über. Sie nahm ihre Tochter in die Arme, und Tränen standen in ihren Augen.

„Du bist ein wunderbares Kind", sagte sie und wünschte, dieser Augenblick dauerte ewig.

Aber langsam war das Wasser aus dem Küchenwaschbecken gelaufen, und da lag nur ein gewöhnliches, nasses Löschpapier in einer kleinen Küche in einer kleinen Stadt. Und im Kosovo und anderswo wurde weiter geschossen.

„Mutter, alles was man denken kann, das kann man doch auch machen. Denk an die Mondlandung und die e-mail." Sophie sah ihre Mutter erwartungsvoll an. Was wollte sie ihr sagen?

„Wir alle können etwas und noch viel mehr als bisher tun, damit sich allmählich die Waffen wirklich in Luft und Wasser auflösen. Und wenn wir etwas tun, du und ich und alle unsere Freunde, dann raubt uns die Angst nicht mehr unseren Schlaf und unsere Kraft. Dann bringt sie uns dazu, etwas zu tun, damit wir eines Tages auf dem Mond des Friedens landen können. Wollen wir das machen?"

Sophie fand das gut. Sie sah ein, daß es nicht schnell gehen, vielleicht sogar sehr lange dauern würde, bis die Waffen der Welt verschwänden, aber um so wichtiger war es, daß man gleich damit anfing, etwas für den Frieden zu tun.

Sophies Mutter, zum Beispiel, hob das Löschblatt auf und trocknete es. Sophie malte noch einmal eines, wie es vor dem Wasserbad ausgesehen hatte. Immer wenn die Mutter unterrichten mußte oder einen Vortrag zu halten hatte, sagte sie:

„Zuerst möchte ich Ihnen etwas erzählen, was ich von meiner Tochter gelernt habe…" Dann erzählte sie die Geschichte von den Waffenzeichnungen, die sich in nichts aufgelöst hatten.

So begannen viele Menschen darüber nachzudenken und zu diskutieren. Und viele begannen auch, etwas Praktisches für den Frieden zu tun.

Das fühlte sich besser an, als die halbe Nacht nur dazusitzen und Angst zu haben. Sophie und ihren Freunden hat das geholfen. Ob es auch helfen wird, die Kriege zu verringern, das werden unsere Kinder und Enkel zu berichten haben. Die Chancen stehen gar nicht so schlecht.

Milchkaffee und Honigzwieback

Silke saß auf der Bank und wartete auf den Bus. Endlich sah sie ihn. Schwerfällig kroch er um die letzte Biegung der Landstraße und hielt dann an. Aber niemand stieg aus. Völlig verstört sah Silke dem Bus nach. Er verschwand in einer Staubwolke.

Sie stand nicht auf, ließ die Füße baumeln. Hin und her, hin und her. In einer halben Stunde kam noch ein Bus, das wußte sie.

Manchmal kann eine halbe Stunde so lang sein wie ein halbes Jahr.

Endlich kam der nächste Bus. Diesmal stiegen zwei Männer aus, aber keiner von ihnen war Silkes Vater.

Einmal hatte Silke ein zu großes Stück Kloß verschluckt. Das saß dann in ihrer Speiseröhre fest. So ein Stück Kloß saß jetzt wieder in ihrer Brust. Sie meinte, daran zu ersticken, als sie dem Bus nachsah. Dann sprang sie plötzlich auf und stieß einen riesigen Schrei aus. Mit dem Schrei schien der Kloß aus ihrem Hals zu springen. Sie schlug mit den Fäusten auf die Bank ein.

„Du blöder, gemeiner, ekliger, saudummer Kerl", schrie sie. „Na warte! Dir werd' ich's zeigen!"

Dann saß sie wieder auf der Bank in der Stille der Nachmittagshitze. Kein Bus kam mehr, niemand war zu sehen. Es lag ein Summen in der Luft, das die Einsamkeit noch einsamer machte. Silke war ganz allein auf der Welt. Niemals würde sie Gelegenheit haben, irgend jemandem irgend etwas zu zeigen. Die Zeit stand still. Silke saß da wie tot.

Dann kam ein kleiner Sommerregen, kitzelte ihre Hände und Beine und machte ihr T-Shirt naß. Silke wischte sich den Regen von den Backen. Das fühlte sich an wie Tränen. Langsam schlurfte sie zurück ins Kinderheim.

Aber das lag still da, wie ausgestorben. Niemand weit und breit. Silke bekam solche Panik, daß sie sich fast in die Hosen gemacht hätte. Die freundliche Stimme des Hausmeisters erlöste sie aus ihrer Einsamkeit.

„Ich dachte, du bist mit deinem Vater im Kaffee Glück", sagte er.

„Der kann mir gestohlen bleiben. Ich bin froh, daß der blöde Bock nicht gekommen ist, der blöde." Silke stemmte ihre Fäuste in die Taschen und sah böse in eine Ecke.

Der Hausmeister hieß Herr Bollmann. Er reparierte einen Stuhl.

„Ja, ja", murmelte er. „So schnell kann sich enttäuschte Liebe in Haß verwandeln. Das kennt man."

„Was hast du gesagt?" Silke kam näher.

„Du könntest mir mal helfen, bitteschön."

Silke hielt die Lehne fest, während Herr Bollmann Schraubzwingen anbrachte. „So, jetzt kann der Leim festtrocknen", sagte er befriedigt. „Wenn ihr Kinder nicht so viel kippeln würdet, dann – dann wäre ich bald arbeitslos."

Herr Bollmann lachte sein gutmütiges Lachen, was manche für einfältig hielten.

„Ich hab' ein bißchen Kaffee", sagte er dann. „Pschscht, natürlich weiß ich, daß Kinder eigentlich keinen Kaffee trinken dürfen. Aber die anderen sind auf einem Ausflug, mit allen Tanten und Verwandten. Da wollen wir's uns doch auch gemütlich machen."

So saßen dann Silke und Herr Bollmann auf der Eckbank in der Küche. Silke trank viel Milch mit ein bißchen Kaffee, und Herr Bollmann trank viel Kaffee mit ein bißchen Milch. Dazu gab es Zwieback mit Honig.

„Also, jetzt erzähl mir noch mal alles, haarklein", sagte Herr Bollmann. Silke wollte eigentlich nicht. Sie wollte nie, nie mehr an ihren Vater denken. Aber Herr Bollmann war anscheinend so neugierig, daß sie ihm alles, alles erzählen mußte, vom dicken Bus, der Staubwolke, dem Regen und vor allem dem Kloß im Halse.

„Kenn' ich", sagte Herr Bollmann. „Find' ich fabelhaft, daß du ihn rausschreien kannst, den Kloß. Bei mir sitzt er manchmal tagelang fest."

Silke leckte sich den Honig von den Fingern und vom T-Shirt. Sie hatte jetzt nicht mehr dieses Angstgefühl. Sie war nicht mehr allein auf der Welt.

„Schade, daß du nicht mein Vater bist", sagte sie dann.

„Ja. – Ja, ja, so ist das nun mal", bestätigte Herr Bollmann. „Dafür bin ich immer hier und muß nicht mit dem Bus fahren."

Silke dachte über den Sinn dieses Satzes nach. Da klingelte das Telefon. Herr Bollmann ging dran. „Ja?" sagte er. „Ja, ja. – Ach so. – Ja, mach' ich. – Natürlich. – Ja. – Auf Wiederhören."

Er hängte den Hörer auf. „Denk mal", sagte er und setzte sich wieder zu Silke auf die Eckbank. „Das war wegen deinem Vater. Er hat sich ein Bein gebrochen. Leute von der Straße haben ihn ins Krankenhaus gebracht. Jetzt ist er in guten Händen. Die Krankenschwester hat für ihn angerufen. Er läßt dich grüßen. Du sollst Frau Merkel fragen, ob du *ihn* jetzt mal besuchen kommen kannst, zur Abwechslung."

Eigentlich hätte Silke jetzt glücklich und zufrieden sein müssen. Sie hatte sich ja geirrt, und ihr Vater hatte sie nicht vergessen. Anscheinend konnte er gar nichts dafür und hatte auch noch Beinschmerzen, aber Silke konnte die tottraurige Angst nicht vergessen, die sie befallen hatte, als sie da so allein auf dem Bänkchen saß, ganz allein in einer großen, leeren, stillen Welt. Das würde sie im ganzen Leben nie vergessen. Aber es würde ihr auch immer wieder einfallen, daß man nur ein paar Schritte zu gehen brauchte, und da gab es dann einen Herrn Bollmann. Der sah gar nicht so aus, aber eigentlich war er ein Engel. Zum ersten Mal im Leben hatte Silke von ihm Erwachsenenkaffee bekommen, Milchkaffee mit Honigzwieback. Auch das würde sie nie vergessen. Mit dem warmen Milchkaffee, dem Honigzwieback und den freundlichen Worten hatte er die Angst einfach vertrieben.

Man glaubt es gar nicht, aber Hausmeister kann einer der wichtigsten Berufe der Welt sein.

Das schneeweiße Steinchen

„Geh nicht fort, geh nicht fort."

Dirk klammerte sich jammernd am Hosenbein seines Vaters fest. Alles Zureden half nichts. Neugierig bildeten die größeren Kindergartenkinder einen Kreis um den Neuen.

„Wenn ich dich nicht mehr sehe, dann hab' ich so Angst, daß ich dich nie, nie mehr sehe!" klagte Dirk.

„Na hör mal!" sagte der Vater. „Das war vielleicht früher so, als man noch das schneeweiße Steinchen finden konnte."

„Was denn für'n schneeweißes Steinchen?" fragte Dirk und verschmierte Schokolade und Tränen auf seinem Gesicht.

„Wart mal einen Moment."

Der Vater ging zum Telefon und rief seinen Arbeitskollegen an, um ihm zu sagen, daß er eine halbe Stunde später käme. Er müsse seinem Sohn noch die Geschichte vom schneeweißen Steinchen erzählen.

Da setzten sich alle Kinder da hin, wo sie gerade gingen und standen, Dirk mittendrin, denn sie wollten natürlich auch die Geschichte hören. Es blieb gerade noch ein bißchen Platz für den Vater, der auch gleich anfing zu erzählen:

„Einmal lebte ein Hirtenbub, der mußte im Sommer die Ziegen und Schafe des Dorfes hüten. Dabei konnte er singen wie ein Vogel und trällern, daß man es weit ins Tal hören konnte. Eines Tages plagte ihn der Durst, und er suchte lange auf der ganzen Weide herum nach einem Schluck Wasser. Endlich fand er unter einen hohen Tanne einen kleinen Weiher. Da warf er sich nieder, mit trockener Kehle, und schlürfte begierig das kühle Wasser. Und wie er so über den Weiher gebeugt dalag, sah er in ihm die Tanne gespiegelt und oben in der Tanne ein Vogelnest.

‚Das will ich mir näher besehen‘, dachte er, und behend wie ein Eichhörnchen erkletterte er den Baum. Oben angekommen, suchte und griff er nach dem Ast, den er im Wasser gesehen hatte, aber von einem Nest war da nicht die geringste Spur. Wohl oder übel stieg er wieder hinunter.

Aber siehe da, als er nochmals in den Weiher schaute, sah er das Nest ganz deutlich. Zum zweiten Mal kletterte er auf die Tanne, aber auch dieses Mal konnte er rein gar nichts entdecken. Noch ein drittes und viertes Mal ließ er sich an der Nase herumführen, bis ihm einfiel, er könnte im Wasser alle Äste zählen, bis an das Nest hinauf. Gedacht, getan, und diesmal lachte ihm das Glück. Als er oben beim abgezählten Ast angekommen war, griff er zu und hielt ein schneeweißes Steinchen in der Hand.

In diesem Augenblick bekam er auch das Nest zu sehen, in dem das Steinchen gelegen hatte. Das wunderte ihn. Weil ihm das schneeweiße Steinchen gefiel, steckte er es in die Tasche und kletterte wieder zur Erde hinab.

Als es Abend wurde, trieb er seine Ziegen und Schafe heim, wobei er nach seiner Gewohnheit ein Lied nach dem andern sang. Aber was geschah? Als er ins Dorf kam, schauten die Leute ganz verstört, denn sie hörten ihren Hirtenbub zwar singen, sahen aber nur die Ziegen und Schafe.

Nichtsahnend zog der Hirtenbub weiter singend vor sein Elternhaus. Da wußten sich Vater und Mutter vor Schreck nicht zu fassen.

‚Mein armer Junge‘, jammerte die Mutter. Der Hirtenbub konnte sich auf all das keinen Reim machen.

‚Ja was hast du nur gemacht?‘ jammerte die Mutter. ‚Wo hast du dich nur wieder rumgetrieben?‘

Der Bub erzählte alle Einzelheiten eines ganz gewöhnlichen Hirtentages und natürlich auch von dem hübschen Steinchen. Als er geendet hatte, rief der Vater: ‚Gib sofort das schneeweiße Steinchen her.‘ Der Bub gab es dem Vater in die Hand. Und was geschah?

‚Ja Vater, wo bist jetzt du?‘ riefen die Mutter und der Sohn wie aus einem Munde. Denn jetzt war wohl der Bub wieder sichtbar, der Vater aber unsichtbar geworden.

Da warf der Vater das Steinchen ganz ärgerlich auf den Spülstein. Nun war der Vater wieder da, aber der Spülstein weg, und mit ihm der ganze Abwasch.

‚Schön wär's!‘ sagte die Mutter und tastete nach dem Steinchen. Als sie es gefunden hatte, war sie weg und der Abwasch wieder da.

‚Wenn die Mama jetzt wirklich weg wär‘, sagte der Sohn nachdenklich. ‚Dann müßten wir ja den Abwasch machen.‘ Und dabei sah er seinen Vater so merkwürdig an. Da krempelten die beiden die Ärmel hoch und machten den Abwasch.

Vom Schaukelstuhl, der ganz allein vor der Feuerstelle schaukelte, erklang ein vergnügtes Kichern.

‚Dieses schneeweiße Steinle behalte ich‘, hörte man die Mutter sagen. Sie tat es in eine Schachtel, die natürlich sofort unsichtbar wurde.

Schade, daß nun niemand mehr weiß, wo die Schachtel steht. Auch ich habe leider kein solches Steinchen. Deshalb bin ich auch noch da, wenn du mich jetzt eine Weile nicht siehst, Dirk. Und ich weiß, daß du noch da bist, obwohl ich dich im Büro nicht sehen kann.“

Damit stand der Vater auf, winkte und ging. Die Kinder, Dirk mittendrin, drängten sich an den Tischen, um schneeweiße Kieselsteine mit bunten Fingerfarben zu bemalen. Und pünktlich zur Mittagszeit tauchte der Vater wieder auf.

Die verschluckte Kröte

Es war einmal eine junge Prinzessin, die wohnte mit ihren jüngeren Geschwistern in einem Schloß mit König und Königin und dem ganzen Hofgesinde. Das Schloß war hübsch, das Hofgesinde fleißig, die Königin schön und der König mächtig. Alles schien in bester Ordnung.

Aber in der Nacht wurde der König zum Zauberer und zauberte böse Dinge. Niemand wußte das außer der kleinen Prinzessin.

Eines Tages, als alle in dem hübschen Eßsaal des hellen Schlosses am Tisch saßen, sagte die kleine Prinzessin plötzlich: „Wenn es Nacht wird, ist unser Vater, der König, ein böser Zauberer."

Alle starrten die Prinzessin entsetzt an. Der Diener ließ vor Schreck die Suppenschüssel fallen. Die Hofdame rief: „Aber Prinzessin, so etwas sagt man doch nicht."

Die Geschwister schauten stumm und ängstlich drein. Der König sprang auf und schrie:

„Was für eine bodenlose Unverschämtheit. Das ist Majestätsbeleidigung. Dafür werde ich dich in den Turm einsperren!" Und er schlug mit der Serviette auf die Prinzessin ein. Die Königin trat dazwischen und sagte: „So schlimm ist es ja nun auch wieder nicht. Lieber König, beruhige dich und setz dich wieder hin. Kinder in dem Alter stecken voller Phantasiegeschichten. Das muß man nicht ernst nehmen. Wahrscheinlich hat die Prinzessin schlecht geträumt. Entschuldige dich bei deinem Vater, liebes Kind. Und dann wollen wir den ganzen Vorfall vergessen."

Die kleine Prinzessin war kreidebleich und zitterte vor Angst. „Entschuldigung", flüsterte sie und sah zu Boden. Aus den Augen des Königs loderten schwefelgelbe Flammen. Das verwunderte alle ein wenig. Aber dann hatte er sich gleich wieder beruhigt. Es wurde eine neue Suppe gebracht, und alles ging seinen gewohnten Gang.

Aber in der Nacht, als alle schliefen, wurde der König wieder zum Zauberer und zauberte böse Dinge.

„Wenn du noch einmal etwas zu irgend jemandem über meine Zauberei sagst", zischte er der Prinzessin zu, die ihm mit weit aufgerissenen Augen ängstlich zusah, „dann wird ein Blitz vom Himmel fallen und dich und deine Mutter erschlagen."

„Mag er mich doch umbringen", dachte die kleine Prinzessin bei sich. „Aber daß meine geliebte Mutter stirbt, das will ich nicht." So schwieg sie und ängstigte sich eine lange Zeit.

Es war kein Wunder, daß sie davon krank wurde. Und lernen konnte sie auch nicht mehr richtig. Wie sollte da eine gute Königin aus ihr werden? Man ließ verschiedene Ärzte und Lehrer kommen. Aber keine Medizin und kein Zureden half.

Und in der Nacht, als alle schliefen, wurde der König zum Zauberer und zauberte böse Dinge.

Schließlich kam eine Lehrerin ins Schloß, die klug und zugleich anteilnehmend war. Sie wußte, daß auch Prinzessinnen unglücklich sein können und der äußere Schein oft trügt. Die kleine Prinzessin hatte sie gern und faßte Vertrauen zu ihr. Eines Tages brachte die Lehrerin ein Märchenbuch mit und wollte der Prinzessin Zaubermärchen vorlesen. Da fing das Kind furchtbar an zu schreien, hielt sich die Ohren zu und rannte hinaus. Und so schnell und kopflos rannte sie, daß sie die Treppe hinunterfiel und sich das Bein brach. Das war für alle ein unerklärliches Ereignis.

Als die Prinzessin nun mit ihrem Gipsbein im Bett lag und außerdem Fieber bekam, saß die Lehrerin an ihrem Bett und hielt die ganze Nacht Wache. Da konnte der böse Zauberer nicht mehr zaubern. Die Lehrerin legte feuchte Tücher auf die heiße Stirn der Prinzessin. Sie hielt ihre Hand und hörte dem ängstlichen Gestammel ihrer Träume zu.

Am nächsten Morgen sagte sie: „Ich glaube, du hast eine Kröte verschluckt. Und solange du die nicht ausspuckst, kannst du nicht gesund werden."

Die Prinzessin sah sie lange an. „Ich hab' so Angst", flüsterte sie und hielt und knetete die Hand der Lehrerin.

„Ein bißchen Mut muß schon sein", sagte diese, „denn die Kröte muß raus."

Da erzählte die kleine Prinzessin ihr alles. Die Kröte sprang heraus, und das Herz der Prinzessin wurde von einer schweren Last befreit.

Die Lehrerin wickelte die Prinzessin in eine Decke und trug sie an einen geschützten Ort. Dann holte sie den Richter. Obwohl der König der mächtigste Mann in seinem Reich zu sein schien, gab es doch etwas, dem auch er sich beugen mußte: die Gerechtigkeit.

Es fiel kein Blitz vom Himmel, um die Königin zu töten. Aber sie weinte sehr über das Leid ihrer Tochter. Es tat ihr vor allem leid, daß sie ihr nicht geglaubt hatte, nicht hatte glauben wollen. In aller Öffentlichkeit dankte sie ihr, weil sie durch ihren Mut ihren Geschwistern und dem ganzen Land viel Leid erspart hatte. Mit der Lehrerin und allen Kindern zog die Königin über die sieben Berge in ein anderes Land und Leben. Die kleine Prinzessin verbrachte viel Zeit mit der Lehrerin, und sie erzählten sich neue Geschichten, die alle gut endeten.

Der böse Zauberer, der aussah wie ein anständiger König, mußte ins

Gefängnis. Man konnte nur hoffen, daß er da das Zaubern verlernen und ein guter König werden würde. Allein wird er es wohl nicht geschafft haben. Denn nur im Gefängnis sitzen, macht einen Menschen noch nicht gescheiter oder besser. Jemand hat ihm wohl helfen müssen. Jemand, der mit ihm den weiten Weg in die Kindheit gegangen ist, bis zu der Stelle, an der er aufgehört hat, ein guter König zu werden und statt dessen ein gieriges Kind geblieben ist; jemand, der ihn gelehrt hat, Verantwortung zu tragen. Aber das ist eine andere Geschichte.

Angst vor dem Unbekannten in und außerhalb von uns

Der kleine Dachdecker

Ein Sommergewitter zog herauf. Es war die Zeit der Heuernte. Noch regnete es nicht, und die Leute vom Egerbauern bemühten sich, den Heuwagen rechtzeitig in die Scheune zu bringen. Beladen war er, und der Knecht trieb die beiden Braunen an, so daß sie munter dem Stall zutrabten.

Schon bog der Wagen in die Dorfstraße ein. Kinder spielten da, alte Leute saßen vor ihren Häusern, und die jüngeren gingen ihrer Arbeit nach, holten die Wäsche von der Wiese und schnell noch das Gemüse aus dem Garten.

Der kleine Erwin saß neben seiner Tante auf der Bank vor dem Haus und half ihr, Erbsen aus den Schoten zu schälen. Eigentlich war es so, daß sie schälte und er aß. Rohe Erbsen schmecken nämlich sehr gut. Von Ferne hörten sie das Getrappel der Pferde.

Plötzlich und ganz nah knallte der erste Blitz vom Himmel herab.

Und schon brach die Hölle los. Die Pferde erschraken und bäumten sich in Todesangst auf. Dann rasten sie, wie wahnsinnig geworden, die Dorfstraße hinunter. Der Wagen drohte jeden Augenblick umzukippen oder jemanden zu überfahren. Der Knecht konnte die Pferde nicht mehr zügeln und sprang ab. Würden die Pferde sich zu Tode rennen?

Entsetzt sprangen die Menschen zur Seite. Mütter versuchten, ihre Kinder in Sicherheit zu bringen, Alte humpelten davon.

„Haltet sie, haltet sie! Brrrrr, bleibt stehen!" schrien einige. Anderen hatte es ganz und gar die Sprache verschlagen. Niemand wußte Rat, niemand tat etwas. Die Katastrophe nahm ihren Lauf.

Da, als die wilde Jagd schon eine Strecke zurückgelegt hatte und es sie wahrscheinlich gleich aus der Kurve schleudern würde, stand plötzlich jemand mitten auf der Straße, hob deutlich sichtbar beide Arme hoch und rief: „Hoho, hoho, ruhig Blut, ruhig Blut!"

Alle erwarteten, ihn im nächsten Augenblick unter den Hufen der Pferde liegen zu sehen, aber das Unfaßbare geschah: Die Pferde, bisher von der allgemeinen Panik beflügelt, sahen nun einen Menschen ruhig und unerschütterlich vor sich stehen und hörten seine beruhigende Stimme. Ganz knapp vor ihm hielten sie an, und der Mann griff in die Zügel und zog ihre ängstlichen Köpfe herab. Immer weiter redete er auf sie ein, nannte sie bei ihren Namen, Liese und Anette, und tätschelte ihre schweißnassen Hälse. Zitternd vor überstandener Anstrengung, gehorchten die großen, kräftigen Tiere einem kleinen, dünnen Mann, der sonst eigentlich gar nichts mit Pferden zu tun hatte. Es war Wendelin, der Dachdecker.

Vielleicht kam es daher, daß er das Dorf meistens von oben sah, also mehr Überblick hatte. Menschen, die mehr Überblick haben, haben ja auch mehr Sicherheit. Aber woher er den Mut genommen hatte, etwas für die Allgemeinheit zu tun, was niemand anders sich zutraute, ja, das konnte er selbst nicht sagen.

Mittlerweile fing es an zu regnen. Der Knecht führte die Pferde in den Hof und den Heuwagen in die Scheune. Er rieb die Pferde mit Stroh trocken und murmelte immerzu vor sich hin: „Nein sowas aber auch, nein sowas!"

88

Später traf sich das halbe Dorf beim Gastwirt, um den Helden zu feiern. Wendelin war das gar nicht recht, aber eigentlich freute es ihn doch.

In den folgenden Tagen konnte der kleine Erwin von nichts anderem reden als von diesem aufregendsten Erlebnis seines bisherigen Lebens. Allen, die es sehen oder nicht sehen wollten, zeigte er immer wieder, wie Wendelin, der kleine Dachdecker, ganz ruhig mitten auf der Straße gestanden, ebenso ruhig seine Arme gehoben und die wilden Pferdeköpfe heruntergezogen hatte. Jedes Mal durchlief den kleinen Erwin dann ein schaurig-schöner Schauer. Er fühlte beim Erzählen das Herannahen der Gefahr und den inneren Kampf zwischen Angst und Mut – und dann die große Ruhe, die vom Mut ausging. Jedenfalls schilderte er diese Empfindungen später so, als er schon groß war und andere seinen Mut in brenzligen Situationen bewunderten. Diese Situationen hatten dann gar nichts mehr mit Pferden oder kleinen Dachdeckern zu tun. Aber jeder hat ja so seine Helden, denen er nacheifert, weil er so werden will wie sie. Für manche ist es Superman, und für andere ist es ein kleiner mutiger Dachdecker.

Das blaue Geländer

„Ich will aber nicht", jammerte Arne und kaute an seiner Bettdecke.

„Das wird aber nun nicht anders gehen", sagte Papa. „Sonst tut dir dein Blinddarm ewig weh."

„Was macht der Doktor denn mit dem?"

„Er schneidet ihn raus und schmeißt ihn weg. Dann ist Ruhe."

„Meinen Bauch schneidet er auf und nimmt meinen Blinddarm weg?"

„Ja. Der ist doch zu nichts mehr nütze. Weißt du, das ist so, als ob man ein – ein Sofakissen aufschneidet. Und dann näht man es wieder zu."

„Was? Nähen tut der mich auch noch? Das tut doch weh!" Arne wurde es immer mulmiger.

„Das tut überhaupt nicht weh", sagte Papa. „Denn du schläfst ja solange."

„Na, wenn der mich piekt, dann wach' ich aber bestimmt wieder auf. Bestimmt!"

„Aber nein!" Papa wußte bald nicht mehr, was er sagen sollte. „Das ist kein gewöhnlicher Schlaf. Das ist eine Narkose. Ein ganz, ganz tiefer Schlaf. Den kriegt man durch eine Medizin."

Beide schwiegen eine Weile. Arne kaute weiter an seiner Bettdecke. Dann sagte er leise: „Das kommt nur, weil Mama weggegangen ist."

„Ne", sagte Papa. „Das ist doch dein Blinddarm und nicht ihrer."

„Aber der fühlt das!" beharrte Arne.

„Nein. Der fühlt das nicht. Ein Blinddarm kann gar nicht fühlen. Der, der ist wie ein blinder Stein", sagte Papa mit Nachdruck.

Wieder schwiegen sie eine Weile.

„Dann soll der Doktor herkommen. Ich will nicht auch noch in ein fremdes Haus", fing Arne wieder an.

„Das wird nicht gehen, denn der Doktor kann ja nicht mit unserem Küchenmesser operieren. Da braucht er schon seine eigenen Instrumente und helle Lampen und so. Aber schlaf mal erst. Jetzt haben wir genug geredet. Morgen sehen wir dann weiter."

Papa deckte Arne noch einmal richtig zu und ging dann hinaus.

Aber jedermann kann sich leicht vorstellen, daß Arne nun überhaupt nicht mehr schlafen konnte.

„Mein blinder Stein tut wieder weh", rief er. „Und außerdem will ich noch Eistee, bitte."

Papa brachte ihm den Tee und merkte auch, daß an Schlaf nicht zu denken war.

„Ich erzähl' dir jetzt mal, wie es morgen sein wird und wie alles aussieht", sagte er, obwohl er Arne eigentlich hatte ablenken wollen. „Also, wenn wir ins Krankenhaus kommen, dann ist da eine große Tür. Gleich dahinter links sitzt der Pförtner in einer Art Glaskasten. Der sagt dann: ‚Guten Tag, wie heißen Sie und wohin möchten Sie?' Und du sagst dann: ‚Ich heiße Arne Klein, und ich möchte zu Herrn Doktor Berger in die Chirurgische Abteilung.'

‚Dann folgen Sie bitte der blauen Spur', wird der Pförtner sagen.

Wir gehen in die große Halle, und da sind lauter bunte Fußstapfen auf dem Boden, rote, grüne, gelbe und blaue. Wir gehen also den blauen Fußstapfen nach und kommen zu einer Treppe mit blauem Geländer. Die gehen wir hinauf. Im ersten Stock ist eine große Glastür. Darüber steht: Chirurgische Abteilung, Station III. Die Drei ist nicht so rund geschrieben, sondern mit drei Strichen, weißt du?"

„Wohin gehen denn die anderen Fußspuren?" fragte Arne.

„Die führen zu anderen Stationen. Es werden ja nicht alle Kinder operiert. Manche haben eine lange Krankheit oder müssen zum Röntgen."

„Erzähl weiter", sagte Arne. Und Papa fuhr fort:

„Auf der Station III ist eine Stationsschwester, die heißt Clara.

‚Na, du bist wahrscheinlich der Arne', wird sie sagen. ‚Dann komm mal mit. Wir haben ein schönes Bett für dich.' Dann kommen wir zu den Kinderzimmern. Die obere Hälfte der Wände ist aus Glas. Das ist lustig, denn so können sich alle Kinder sehen, wenn sie wollen. In deinem Zimmer liegt wahrscheinlich schon ein Kind im anderen Bett. Vielleicht hat es ein gebrochenes Bein und einen Gipsverband. ‚Hast du denn Schlafanzüge und Handtücher dabei?' wird dich Schwester Clara fragen. Und die hast du dann dabei. Natürlich auch deine Waschsachen, Bilderbücher und dein Zebra.

Dann ziehst du dich aus und legst dich ins Bett. Nach einer Weile kommt der Doktor, den kennst du ja schon. Er untersucht nochmal deinen Bauch, und dann sagt er wahrscheinlich: ‚Also, bis nachher dann, im OP.' Das soll Operationsraum heißen. Vielleicht sagt er auch noch, daß du keine Angst zu haben brauchst, aber das weißt du ja schon. Dann bekommst du eine Spritze. Das kennst du ja auch schon vom Blutabnehmen. Da wirst du ganz müde, domelig und schläfrig. Schwester Clara und noch eine andere Schwester legen dich auf ein fahrbares Bett und fahren dich durch viele Gänge und in den Aufzug und nochmal durch einige Gänge, und dann bist du auch schon eingeschlafen. Wenn du aufwachst, liegst du wieder in deinem Bett bei dem anderen Jungen."

„Und was war los, als ich schlief?" fragte Arne. Auf einmal fand er das alles sehr interessant.

„Im Schlaf, das heißt mit der Narkose, warst du im Operationssaal. Da war der Doktor Berger mit einigen Operationsschwestern, dem Narkosearzt und einem Assistenzarzt. Die sind alle ganz furchtbar sauber angezogen und gewaschen, mit Mundschutz sogar, damit kein Schmutz irgendwo reinkommen kann. Der Doktor operiert dich, und die andern helfen ihm. Ganz fix geht das. Und schon ist alles vorbei.

Ein Glück, daß wir so ein gutes Krankenhaus haben."

Papa redete noch eine Weile ruhig weiter, bis er merkte, daß Arne schon eingeschlafen war. Er legte sich neben ihn, damit er ihn jederzeit hören konnte, denn besonders in der Nacht brauchen kranke Kinder ja die Erwachsenen.

Am nächsten Tag ging es haargenau so zu, wie Papa es erzählt hatte. Es war wie in einem Film, den Arne schon kannte. Eilig lief er auf den blauen

Fußspuren entlang und am blauen Geländer hinauf, bis er die Drei mit den drei Strichen über der Tür sah. Schwester Clara sagte auch genau das, was Papa gesagt hatte. Sie wunderte sich nur, daß Arne so munter war und sich gar nicht an seinem Papa festklammerte. Erst als Doktor Berger auf seinen Bauch drückte, tat es Arne wieder weh und er mußte beinahe weinen.

„Hast du auch seit gestern abend nichts gegessen?" fragte der Doktor, und als Arne das bestätigte, sagte er: „Na dann…"

„… auf Wiedersehen im OP", vollendete Arne den Satz. Da mußte der Doktor lachen.

Dann kam das mit der Schlafspritze und dem rollenden Bett und leider, leider verschlief Arne den Rest. Eigentlich hätte er so gerne auch miterlebt, wie es im OP zuging. Aber als er wieder aufwachte, lag er in seinem Bett neben einem Jungen mit Gipsbein. Er hob die Decke hoch und schaute auf seinen Bauch. Der war gelb angemalt und hatte einen kleinen Verband, unter dem sich die Naht befand. Sehr zufrieden sah er seinen Papa an, der am Bett saß, wie versprochen. Arne hatte im Arm eine Nadel mit einem langen Schlauch stecken, durch den eine Flüssigkeit floß.

„Das ist praktisch", sagte Papa. „Da brauchst du heute gar nichts zu essen, denn das ist eine Nährflüssigkeit."

„Aha", sagte Arne müde. Und schon war er wieder eingeschlafen.

Am nächsten Tag war auch der Nährflüssigkeitsschlauch weg, und Arne hatte viel Spaß mit dem Jungen mit dem Gipsbein. Sie ließen ihre Betten zusammenschieben und spielten Mensch-ärger-dich-nicht.

Später in der Schule erzählte er allen gerne von seinen Erlebnissen im Krankenhaus, vom blauen Geländer bis zur Nährflüssigkeit, alles haarklein.

„Hattest du denn keine Angst?" fragten die anderen Kinder.

„Nö", sagte Arne und gab ein bißchen an. „Man muß halt nur vorher ganz genau wissen, was passiert. Dann erkennt man's wieder und weiß Bescheid."

Gummimantelgummi

„Willst du mit mir durch die Waschstraße fahren?" fragte Onkel Eduard. Er hatte ein schönes großes Auto. Natürlich wollte Karlchen. Seine Mutter hatte kein Auto, denn in dem Dorf, in dem sie wohnten, konnte man alles leicht zu Fuß erreichen.

Jetzt war Karlchen bei Onkel Eduard in der Stadt zu Besuch. Da war alles riesig. Schon allein bis sie zur Tankstelle kamen, dauerte es mindestens zwanzig Minuten. Onkel Eduard fuhr den kleinen Hügel hinter der Tankstelle zur Waschstraße hinauf. Da mußte er anhalten, und zwei Männer in Overalls spritzten sein Auto mit Seifenlauge ein. Und dann mit noch etwas, das roch, wie wenn Mama das Badezimmer putzte. Karlchen fand das alles sehr interessant. Die Seifenlauge lief in Schlieren an den Fenstern herunter. Dann stand das Auto auf Schienen, und die Schienen fuhren es in eine dunkle Scheune hinein. Auf einmal fing Karlchen entsetzlich zu schreien an. Er schrie und schrie: „Ich will hier raus. Ich will zurück. Nein, nein, nein."

Was geschah? Ein Riesenkrake mit tausend schlabbrigen Fangarmen griff nach dem Auto, schleckte und schlotzte und klatschte und matschte und drohte, das ganze Auto wie einen Lutscher zu verspeisen. Gleich würde dieser grausige Krake sie mit Haut und Haaren verschlungen haben. Karlchen versuchte, durch das Seitenfenster zu entkommen. Aber selbst wenn Onkel Eduard das zugelassen hätte, es wäre sinnlos gewesen, das Fenster zu öffnen, denn riesige Borstenschweine wälzten sich am Auto entlang. Man konnte ihre dicken ekeligen Leiber richtig fühlen, wie sie voller Schadenfreude das arme Auto zwischen sich zu zerdrücken suchten.

Und immerzu dieses Geräusch der Borsten und das Geschlabber des rötlichbraunen Riesenkraken!

„Da müssen wir nun durch", hörte Karlchen Onkel Eduards tiefe Stimme. „Zurück können wir nicht. Komm her zu mir und schau nicht hin."

Karlchen krabbelte vom Hintersitz nach vorne auf Onkel Eduards Schoß und hielt sich die Augen zu. Das half aber nichts, denn er hörte trotzdem das gräßliche Schnaufen, Klatschen und Schlabbern. Gerade als er dachte, nun habe sein letztes Stündlein geschlagen, war der Spuk vorbei. Es wurde still, die Sonne schien wieder, und das Auto blitzte und blinkte wie neu. Nur Karlchen war kreidebleich und zitterte am ganzen Leibe. Verwundert sah er seinen Onkel an.

„Hattest du denn gar keine Angst vor dem Kraken?" fragte er.

„Was denn für'n Krake?" fragte der Onkel.

„Also weißte!" Manchmal konnten die Erwachsenen auch wirklich dumm fragen. Karlchen erzählte dem Onkel alles, was der eigentlich selbst hätte wissen müssen, denn er war ja mit ihm gefahren, oder nicht?

Der Onkel lachte und sagte: „Ne du, das sieht zwar aus wie ein Krake, ist aber keiner. Die Waschstraße macht das nur, um dich reinzulegen."

Das fand Karlchen gemein.

Onkel Eduard fuhr noch einmal um die Tankstelle herum an den Anfang der Waschstraße. Er stieg aus und redete mit den Overallmännern.

Weil gerade kein anderes Auto gewaschen werden wollte, stellten sie die Waschanlage ab. Der Onkel holte das widerstrebende Karlchen aus dem Auto und ging mit ihm zum Kraken, dessen Tentakel jetzt schlaff und ruhig herunterhingen. Auch die Borstenschweine sahen mager und unansehnlich aus. Überhaupt nicht wie Schweine.

Karlchen klammerte sich an Onkel Eduards Hand. Vielleicht verstellten sich die Biester ja jetzt und konnten jederzeit wieder ihre wahre Scheußlichkeit zeigen. Aber Onkel Eduard überredete ihn, die Tentakel des Ungeheuers einmal anzufassen. Sie waren aus Gummi. Wie Gummistiefelgummi oder wie Autoreifengummi oder wie Gummimantelgummi. Komisch.

„Und da oben, siehst du, da wird das Ganze dann ein bißchen gedreht und gerüttelt, damit es wie ein Mop oder ein Schrubber funktioniert."

Karlchen sah nach oben und konnte die Mechanik genau erkennen.

Onkel Eduard überredete sogar einen Overallmann, daß er für Karlchen ein kleines Stück rötlichen Gummimantelgummis von einem Tentakel abschnitt. Zum Mitnehmen. Dann durfte Karlchen die Waschanlage mal anstellen. An, aus, an, aus.

„Nu' is's aber genug!" rief der Overallmann, denn jetzt kam wieder ein Auto, das gewaschen werden wollte.

„Sollen wir auch noch mal durchfahren?" fragte Onkel Eduard. „Das würde ich mich schon was kosten lassen."

Aber Karlchen meinte, das sei Verschwendung.

So fuhren beide befriedigt nach Hause. Karlchen erzählte Tante Heidelinde die ganze Geschichte.

„Ist ja enorm!" sagte Tante Heidelinde. „Was bist du doch für ein begabter Junge. Gummimantelgummi! Mit diesem Zauberspruch kann dir wirklich niemand mehr ein X für ein U vormachen."

Das fand Karlchen auch, obwohl er nicht so genau wußte, was das hieß. Jedenfalls verwahrte er das Stückchen Gummimantelgummi in seiner Hosentasche.

Es hat ihm noch gute Dienste geleistet.

Das blaue Licht

Der Rupert war eigentlich noch klein. Klein von Wuchs und auch nicht sehr alt. Aber immerhin ging er schon in die zweite Klasse. Und ein Draufgänger war er.

„Der scheut doch vor nichts zurück!" sagten die Erwachsenen, halb bewundernd, halb besorgt.

Der Rupert ging schon allein zur Schule. Zwanzig Minuten dauerte es bis ins nächste Dorf, denn in seinem eigenen gab es keine Schule mehr. Nur noch wenige Kinder wohnten da.

„Aber wenn die Schule aus ist, kommst du schnurstracks nach Hause, gell?" sagte seine Mutter immer wieder.

Rupert fiel es sehr schwer, sich daran zu halten. Zu viele interessante Orte gab es unterwegs zu entdecken, zu viele Ereignisse forderten seine Aufmerksamkeit: Der Sohn des Fabrikanten fuhr in seinem neuen Sportwagen herum. Das Schwein des Bauern Heinrich rückte aus und warf die vollen Milchkannen des Nachbarn um. Oder Ediths Hund bekam Junge, die unbedingt begutachtet werden mußten.

Eines Mittags ging Rupert auf dem Heimweg nicht die Straße entlang, sondern neben der Straße durch den Wald. Hügelchen rauf, Hügelchen runter, und schwups! versank er in einem Loch. Wie sich herausstellte, war das aber kein gewöhnliches Loch, sondern der Eingang zu irgend etwas – vielleicht zu einer unterirdischen Höhle mit einem Goldschatz? Er hätte nicht Rupert heißen müssen, wenn ihn das nicht brennend interessiert hätte. Er ahnte zwar, daß er jetzt etwas Verbotenes machte, aber das konnte ihn nicht davon abhalten, ein Abenteuer zu wagen, das sich ihm bot.

Einige Nützlichkeiten hatte Rupert immer bei sich, zum Beispiel ein Taschenmesser, Bindfaden, Knallfrösche und eine ganz kleine Taschenlampe. Jetzt warf er seinen Ranzen ins Moos, nahm seine kleine Taschenlampe und begab sich auf eine Entdeckungsreise. Irgendwie dachte er noch, daß es vielleicht besser gewesen wäre, hier nicht ganz allein rumzukriechen, aber niemand sollte ihm nachsagen, daß er vielleicht Angst gehabt hätte.

Er tastete sich einen dunklen Gang entlang. Der erweiterte sich ab und zu zu einem kleinen Raum, aber nichts Interessantes war in diesen Räumen zu entdecken. Rupert ging weiter und weiter. Auf einmal bemerkte er, wie seine Lampe schwächer und schwächer wurde. Schließlich verlosch sie ganz. Die Batterie war zu Ende.

„Mist", schimpfte Rupert und schüttelte die kleine Lampe. Aber sie blieb erloschen.

Jetzt begriff Rupert, daß ihn totale Dunkelheit umschloß. Panik befiel ihn. Er tastete sich an der Wand entlang, versuchte zu rennen, fiel hin, schrie, hastete weiter und geriet völlig außer sich. Er schwitzte und weinte und stolperte und stieß sich hier und da an. Sein Knie blutete, und er wußte gar nicht, wohin er lief oder laufen sollte.

Da hörte er auf einmal die liebe Stimme seiner Mutter. Er blieb stehen, setzte sich hin und hörte ihr zu. Merkwürdigerweise erzählte sie ihm die

Geschichte vom blauen Licht, das heißt von dem armen Soldaten, der in einen Brunnen gefallen war und mit Hilfe eines blauen Zauberlichts wieder an die Erdoberfläche gelangte. Rupert wurde ganz ruhig, während er seiner Mutter zuhörte. Er saß still da. Und auf einmal sah er in der Ferne das blaue Licht.

Ungläubig machte Rupert die Augen zu und dann wieder auf. Aber das kleine blaue Licht schimmerte weiter in der Ferne. Zuerst blieb Rupert still sitzen. Aber nach einer Weile dachte er:

„Es schadet wohl nichts, wenn ich zu dem blauen Licht hinzugehen versuche." Und mehr kriechend als laufend bewegte er sich auf den Lichtschimmer zu, der niemals verschwand. Endlich erreichte er ihn.

Aber es war kein Licht, sondern der Widerschein von Licht. Ein Schimmern und Glitzern auf einer feuchten Steinfläche. Wo kam das Licht her? Rupert sah sich um. Im spitzen Winkel zu dem Gang, den er entlanggekrochen war, verlief ein anderer Gang. Und da, am Ende, war ein Stückchen Himmel zu sehen, so klein wie ein Hemd.

Rupert beeilte sich so gut er konnte, aber es schien noch eine Ewigkeit zu dauern, bis er endlich den Ausgang erreicht und sich durch das enge Loch gedrängt hatte. Jetzt war er wieder auf der Erde. Er seufzte tief. Hundert Jahre schienen vergangen zu sein.

Er war aber nicht mehr im Wald, sondern auf freiem Feld. Auf der Landstraße sah er einen Polizeiwagen angefahren kommen. Er stand auf und schwenkte die Arme. Das Auto hielt, und bald umringten ihn viele Menschen. Seine Mutter nahm ihn auf den Schoß.

„Junge", sagte sie. „Du siehst ja aus wie der arme Soldat."

Rupert sah sie lange verwundert an. Schließlich sagte er:

„Mama, hast du mir gerade das Märchen vom blauen Licht erzählt? Und wie konnte es durch die dicke Erde bis in den unterirdischen Gang klingen?"

Niemand konnte verstehen, was Rupert damit meinte.

„Bringen Sie ihn zum Arzt. Er sieht ziemlich mitgenommen aus", sagte der Polizist.

Die Mutter ahnte aber, daß es damit eine besondere Bewandtnis haben mußte. Am Abend, als ihr Junge gewaschen und verarztet im Bett lag, setzte sie sich zu ihm. Da erzählte er ihr alles, von Anfang bis Ende. Die Mutter hörte aufmerksam zu.

„Und was denkst du nun?" fragte sie dann.

„Ich denke, daß ich nie mehr in sowas reinkriechen werde", sagte Rupert.

Die Mutter lachte. „Na, das glaube ich kaum."

„Aber ich werde nie mehr alleine sowas machen."

„Das klingt schon wahrscheinlicher. Und was hast du dir noch überlegt?"

„Wenn ich mal in Not komme, dann nicht wie verrückt rumhampeln und schreien, sondern still hinsetzen und nachdenken, dann, dann…"

„Dann zeigt dir deine innere Stimme den Weg", ergänzte die Mutter und deckte ihren Jungen liebevoll zu.

„Ich fände es natürlich gut, wenn du mir vor solchen Unternehmungen Bescheid sagen könntest. Der Polizeieinsatz wäre dann nicht nötig."

„Und daß ich in meiner Taschenlampe immer eine frische Batterie habe", murmelte Rupert noch. Dann war er eingeschlafen.

Am nächsten Tag stand alles in der Zeitung. Die Polizei hatte den unterirdischen Gang untersucht und zwei Handgranaten aus dem letzten Krieg entschärft. Dann hatte sie den Gang zuschütten lassen, damit kein Unfall mehr passieren konnte. Vom kleinen Rupert stand drin, daß er ein „Held wider Willen" geworden sei, aber keinesfalls als Vorbild angesehen werden dürfe. Kinder sollten nicht vom Weg ab, sondern schnurstracks von der Schule nach Hause gehen, so, wie es Ruperts Mutter immer gesagt hatte.

Aber das Allerwichtigste stand natürlich mal wieder nicht in der Zeitung, das von dem blauen Licht nämlich und von der Kraft, die von Mutters Geschichten ausgehen kann.

Der Wutriese

Karlheinz hatte große Angst vor dem Wutriesen. Der war so etwas Ähnliches wie der Geist in der Flasche. Meistens merkte man nichts von ihm. Machte aber jemand den Korken von der Flasche ab, dann stürzte der Wutriese heraus und richtete sehr viel Schaden an.

Verständlich, daß Karlheinz vor ihm Angst hatte. Das Dumme war bloß, daß dieser Wutriese *in ihm selbst* steckte.

Eigentlich war Karlheinz ein umgänglicher, eher schüchterner Junge. Er ging jetzt in die Schule und hatte weiter keine Schwierigkeiten. Bis eines Tages Kemal sitzenblieb und in seine Klasse kam.

Kemal war äußerlich größer, älter und stärker als alle anderen Kinder. Aber innerlich war er unsicher und verletzlich. Deshalb mußte er mächtig angeben. In der Pause machten bald alle, was er wollte. Er sagte zum Beispiel: „Gib mir dein Pausenbrot!" oder: „Heb mir den Ball auf!" oder: „Kauf mir 'ne Fanta!" Und alle machten es.

Fast alle. Karlheinz hielt sich von Kemal fern. Das ärgerte den.

Eines Tages fing er Karlheinz auf dem Schulhof ab und schrie:

„Da, den Apfelbutzen, heb den auf!"

„Mach's doch selber", sagte Karlheinz und wollte weitergehen. Aber Kemal, der gut einen Kopf größer war, packte ihn am Hemd und schrie: „Wenn ich es sage, dann machst du das, du kleiner Wurm. Sonst bist du Matsch!"

Schwupp, war der Korken von der Flasche. Die umstehenden Kinder konnten gar nicht so schnell gucken, wie Kemal auf der Erde lag, ein blaues Auge hatte und heftigst aus der Nase blutete.

Karlheinz schaute erstaunt auf ihn herab. Er konnte den herbeigeeilten Lehrern auch nicht erklären, wie das gekommen war. Der Wutriese war längst wieder in seiner Flasche.

Diesmal war Karlheinz noch der Held der Klasse. Er hatte den stärksten Jungen besiegt. Kemal wagte sich nicht mehr in seine Nähe und ließ auch die anderen in Ruhe, wenn Karlheinz da war.

Einmal kam Karlheinz nach Hause. Da hatte seine kleine Schwester seine schönen Schleierfische aus dem Aquarium gefischt und zum Schlafen in ihr Puppenbett gelegt. Natürlich lebten sie nicht mehr.

Schwupp, war der Korken von der Flasche.

„Du blöde Sau!" schrie Karlheinz und warf das kleine Aquarium samt Wasser auf die Erde, daß es krachend zersprang. Die kleine Schwester schrie wie am Spieß. Als die Eltern angerannt kamen, konnte Karlheinz auch nicht erklären, wie das passiert war. Der Wutriese war längst wieder in der Flasche.

Das war nun nicht gerade eine Heldentat. Man konnte von Glück sagen, daß der kleinen Schwester nichts passiert war.

Mit der Rechtschreibung stand Karlheinz auf Kriegsfuß. Das hatte auch seine Lehrerin gemerkt und ließ keine Gelegenheit aus, ihn damit zu necken.

„Deine Rechtschreibung ist reformbedürftig", sagte sie und lachte.

Oder: „Wollt ihr mal wissen, wieviele Möglichkeiten es gibt, ‚verfrüht'
zu schreiben?"

Karlheinz konnte das natürlich nicht so lustig finden wie alle anderen,
vielmehr kränkte es ihn mehr und mehr. Deshalb übte er fleißig zu Hause, aber mit wenig Erfolg. Beim nächsten Diktat hatte er wieder sehr viele
Fehler. Fälschlicherweise war die Lehrerin der Meinung, es sei das beste,
das Ganze mit Humor zu würzen, und sagte:

„Obwohl der Karlheinz anscheinend nicht geübt hat, hat er doch sieben Worte richtig geschrieben." Die Klasse lachte.

Schwupp, war der Korken von der Flasche.

„Blöde Kuh!" schrie Karlheinz und schleuderte sein Schulbuch in Richtung Lehrerpult. Unglücklicherweise traf es die Lehrerin am Kopf. Ihre
Brille fiel runter und zerbrach.

Nun war Karlheinz ganz gewiß kein Held mehr. Der Wutriese war
längst wieder in seiner Flasche, und der arme Karlheinz saß da, leichen-
blaß und wie ein Häuflein Elend.

Versteht Ihr nun, warum Karlheinz solche Angst vor diesem Wutriesen
hatte? Das Schlimme war auch, daß niemand etwas von dem Wutriesen
wußte. Alle dachten ja, daß er, Karlheinz, der Verursacher all dieser Ge-
walttaten sei.

Voller Verzweiflung rannte Karlheinz davon, rannte aus der Stadt hinaus
und in den Wald hinein, rannte vor dem Wutriesen davon und konnte ihn
doch nicht loswerden. Schließlich konnte er nicht mehr weiter und ließ
sich ins Gras fallen. Das war am Rande einer Schlucht.

Und plötzlich saß der Wutriese neben ihm. Gar nicht monsterhaft und mit blutunterlaufenen Feueraugen, wie er ihn sich immer vorgestellt hatte. Nein, wie ein ganz normaler Riese eben, freundlich und kräftig.

„Ich will dich loswerden, denn du bringst mir nur Unglück", sagte Karlheinz und rückte von dem Riesen ab.

„Das geht nicht. Wir sind zusammen geboren und werden zusammen sterben", sagte der Riese.

„Nein", sagte Karlheinz. „Nicht wenn du dich weiter so benimmst. Wie kommst du eigentlich dazu?"

„Das will ich dir sagen", antwortete der Wutriese. „Das ist so: Wenn jemand dich sehr beleidigt, dann steh' ich am Abgrund. Und damit ich nicht in den Abgrund falle, falle ich über die Leute her, mit all der Fallgeschwindigkeit, mit der ich sonst in den Abgrund fallen würde. Und das ist eine Menge."

Karlheinz konnte das nachfühlen.

„Denkst du denn gar nicht an die anderen?" fragte er.

„Wann denn? Wenn ich doch schon überm Abgrund hänge", sagte der Wutriese und tat sich selber leid. Auch das konnte Karlheinz nachfühlen.

„Trotzdem muß es anders werden", sagte er und sah den Wutriesen an, der da war und auch eigentlich nicht da war, jedenfalls nicht so, wie ein Mensch dagewesen wäre. Karlheinz sah in die Schlucht hinunter, an der sie saßen.

„Wenn jetzt ein Sturm käme oder einer dich schubsen würde, dann würdest du doch nicht in die Schlucht fallen?" fragte er.

„Natürlich nicht", bestätigte der Riese.

„Wenn ich dich schon nicht loswerden kann, dann werde ich dich von jetzt an durchlässig machen, wie Luft, wie nichts, wie Nebel. Dann wirst du nicht in den Abgrund fallen und darum auch nicht über andere herfallen müssen."

Das leuchtete irgendwie ein. Aber würde es auch funktionieren?

„Wenn es mal ganz schlimm kommt, könnte ich dann aber doch…?"
fragte der Wutriese. Und das mochte Karlheinz nicht ausschließen.

Zuerst aber mußte er das Durchlässigmachen üben. Sehr viel muß man
üben, wenn man einen ganzen großen Wutriesen durchlässig machen
will, wie Luft, wie nichts, wie Nebel. Und der Wutriese muß dabei natürlich auch mitmachen. Aber es funktioniert. Das wird Euch Karlheinz
bestätigen.

Der alte Wal

John war ein stilles und schüchternes Kind. Alles Fremde und Neue
machte ihm angst. „Und es macht mir auch angst, wenn die Dinge anfangen, mit mir zu reden, als hätten sie eine eigene Stimme", sagte er. Da
erzählte mein Freund ihm eine Geschichte aus Irland:

„Dort lebte einmal ein Junge, dessen Vater keine Arbeit hatte. Jeden
Morgen lief der Junge bei Ebbe über den Strand und sammelte das Treib-
gut ein, das nachts von der Flut an Land geworfen worden war: Holz-
planken, Fässer, Kisten, Dosen und Flaschen. Das alles schleppte der Junge nach Hause.

Eines Morgens aber fand er nichts. Irgend etwas war anders als sonst.
Der Junge suchte die Bucht ab. Nichts. Da blieb sein Blick an einer dunklen Stelle hängen, weit draußen, im flachen Wasser. Das mußte ein Felsblock sein. Ein Findling, den das Meer über Nacht aus einer Sandbank
gewaschen hatte. Der also hatte ihn stutzig gemacht. Der Junge war er-
leichtert.

Dann aber dachte er: Hätte sich dieser Felsblock nicht schon früher durch seine Brandung verraten müssen? Ich will ihn mir ansehen. Langsam watete er hinaus in das flache Wasser, obwohl es ihm sehr unheimlich war und er lieber umgekehrt wäre. Staunend umschritt der Junge den aus dem Sand geborenen Felsen. Und obwohl die Flut noch nicht zu befürchten war, denn der Wind stand vom Land aufs Meer, wurde dem Jungen unbehaglich. Er spürte einen fremden Blick im Rücken. Er fühlte sich beobachtet. Er sah sich um: Er war allein. Hoch über ihm schwebten die Möwen im Wind. Draußen auf dem Meer war alles ruhig. Der Junge wandte sich wieder dem Felsblock zu. Ein tiefer Seufzer ließ ihn innehalten, er schien aus dem Innern des Steines zu kommen. Der Junge untersuchte den Stein genau. Da entdeckte er das Auge. Es saß auf dem Felsen, dicht über dem Wasser. Es betrachtete ihn. Ein uraltes Auge, das offenstand. Stumm schaute es den Jungen an. Der Junge blickte erstaunt zurück. Endlich löste er sich von diesem Blick, schöpfte mit den Händen Wasser und ließ es behutsam über das offene Auge rinnen. Es gab dem Auge salzige Tränen, damit es nicht austrocknete in dem Wind, der vom Land her wehte.

Er wußte nicht, warum er das tat. Er dachte nur: Woher kommst du? Was hat dich hierher gelockt?

Da ging ein Beben durch die felsige Masse. Es war ein tonloser Gedanke, der jetzt denn Jungen streifte:
,Ich habe dich gesucht.
Ich habe dich gefunden.
Dich, der du anders bist, Freund.'

Der Junge schwieg voller Staunen.

,Erinnerst du dich – vor 100 Jahren, als ich so klein war wie du?'

106

Der Junge schüttelte den Kopf und benetzte das Auge mit dem Wasser des Meeres.

‚Ich kam in diese Bucht. Ich wollte spielen. Aber dann fing mich etwas ein. Es zerrte an mir. Ich bäumte mich auf, ich wand mich, ich stieß und stemmte mich dagegen. Vergebens. Unsichtbares Seegras fesselte mich und band mich immer fester. Etwas zog mich ins flache Wasser. Nach oben zog es mich, heraus aus der sicheren Dunkelheit der Tiefe. Da endlich sah ich sie: Sie gingen aufrecht. An ihren Köpfen hing Tang. Sie gingen in Häuten. Sie zogen und zerrten mich drüben zwischen die Felsen, wo die Klippen im Meer ein Becken formen, das bei Ebbe nicht trocken wird und bei Flut frisches Wasser bekommt. Ich wehrte mich. Sie waren stärker.

Einer von ihnen hob einen langen Stachel und warf ihn mir ins Fleisch. Ich konnte ihm nicht entrinnen. Andere kamen dazu, sie schlugen mit Knüppeln auf mich ein. Ich ließ mich auf den Grund des Beckens sinken. Ihre Stachel trafen mich dennoch. Warum, dachte ich, warum tun sie das?

Aber dann in der Nacht bist du gekommen. Du und die anderen. Ich hatte Angst. Als du meine Wunden erkanntest, fiel dir das Meer in dicken Tropfen aus den Augen. Ich stieg auf.

Du hast mich gestreichelt. Du und die anderen, die so klein waren, wie du bist, die hohe Stimmen hatten und kleine Hände. Du hast gesungen, leise, wie Delphine singen. Du hattest Mitleid. Du hast den unsichtbaren Tang zerschnitten. Du hast mir den Weg aus dem Becken gewiesen.

Als die anderen, die Großen, lärmend näherkamen, hast du das Gefängnis geöffnet. Fliehe! hast du geflüstert. Fliehe! Sie kommen, um dich zu töten!

Ich habe dich immer gesucht. Du hast dich nicht verändert. Ich bin alt geworden. Ich wollte dich noch einmal sehen. Ich bin gekommen, weil ich sterben muß. Ich danke dir. Leb' wohl.'

Da strich mit einem Schrei eine Möwe dicht über den Kopf des Jungen. Der erschrak und fuhr auf. Die Flut! Er mußte zurück zum Strand, bevor das Wasser stieg. Das Auge des Felsens lag schon unter Wasser. Ich muß geträumt haben, dachte der Junge. Er rannte, so schnell er konnte, über die Sandbänke zurück zum Strand.

‚Hast du ihn gesehen?‘ fragte sein Vater, als er zur Tür hereintrat.

‚Wen?‘ fragte der Junge.

‚Ein Wal soll gestrandet sein, unten in der Donegal-Bay.‘

‚Ein Wal?‘ wollte der Junge wissen.

‚Das letzte Mal‘, sagte sein Vater, ‚daß ein Wal in unserer Bucht gesehen wurde, das war vor 100 Jahren. Mein Urgroßvater erzählte davon. Das war ein junger Wal. Der war den Fischern ins Netz gegangen. Sie hatten ihn drüben bei den Felsen in das Becken gezogen. Mein Urgroßvater war damals ein Kind. Die Fischer wollten den Wal schlachten und Tran aus ihm sieden. Tran für die Öllampen. Aber die Kinder hatten Mitleid mit dem gefangenen Tier. Vielleicht, weil es selbst noch ein Kind war. Sie haben den kleinen Wal nachts aus dem Becken entwischen lassen. Mein Urgroßvater hat damals mächtig Prügel bezogen für dieses Mitleid. Das hat er oft erzählt.‘

Der Junge starrte seinen Vater an und fragte schließlich: ‚Ist das wirklich wahr?‘

‚Natürlich‘, brummte sein Vater, ‚aber wenn du mir nicht glaubst, dann siehe in der Kirchenchronik nach oder frag den alten Connory – dessen Großvater war auch dabei. Und du, hast du etwas gefunden am Strand?‘

‚Nichts‘, sagte der Junge und schwieg.“

Mein Freund schwieg auch. John hatte ihm aufmerkam zugehört. „Der

Wal hatte ja keine menschliche Stimme", sagte er. „Trotzdem hat er dem Jungen etwas Wahres und Wichtiges gesagt."

Mein Freund nickte.

John dachte nach: „Dann ist es also in Ordnung, wenn ich das, was die Dinge und Tiere zu mir sagen, höre, auch wenn andere es nicht hören?"

Wieder nickte mein Freund. „Das ist ein wichtiges Geheimnis deiner Gedanken. Es ist gut, solche Geheimnisse zu haben."

Angst, nicht geliebt zu sein, nicht dazuzugehören

Wirf Gold und Silber über mich

Judith ging nicht gerne irgendwohin. Und schon gar nicht alleine. Am liebsten wäre sie überhaupt nicht in den Kindergarten gegangen. Aber Mama hatte gesagt, alle Kinder gingen in den Kindergarten. Das müsse man einfach, sonst gewöhne man sich auch nicht an die Schule.

So etwa einen Monat lang war Mama jeden Morgen mitgegangen und auch dageblieben. Dann hatte Judith eine beste Freundin gefunden, und nun gingen die beiden immer zusammen.

Judiths Problem war, daß sie glaubte, alle fremden Menschen würden sie anstarren. Außerdem glaubte sie, daß Blicke zwar nicht töten, aber doch ganz arg verletzen könnten. Das glaubte sie, weil sie ein bißchen anders aussah als andere Kinder. Ihr linker Arm war etwas kürzer als der rechte, und ihre linke Hand saß da, wo bei anderen der Unterarm ist. So war sie geboren, und das war ja auch nicht weiter schlimm. Nur eben ungewöhnlich.

Judiths Papa und Mama und ihre große Schwester waren sehr lieb zu ihr. Und wenn Judith nicht alleine gehen wollte, ging immer einer von ihnen mit. Aber sollte das bis in alle Ewigkeit so gehen?

Allmählich gewöhnte Judith sich an ihre Spielkameraden. Ein Junge gefiel ihr besonders gut. Konrad hieß er. Und ausgerechnet dieser Konrad machte ein Frühlingsfest mit Verkleiden. Wer wollte, konnte kommen. Von den Großen natürlich. Die Großen waren jetzt schon sechs Jahre alt und sollten nächstes Jahr in die Schule kommen. Judith gehörte auch dazu.

Es gab ein Gerede und Getuschel, wer welches Kostüm anziehen würde, wie man sich schminken könnte und so weiter und so fort. Und daß das eine Party sei, bei der keine Erwachsenen mitmachen sollten.

Zuerst war Judith Feuer und Flamme. Aber dann kam ihre alte Angst zurück. Alle anderen würden schön aussehen, nur sie würde komisch wirken. Alle würden sie anstarren.

„Aber verkleidet muß man doch komisch aussehen", sagte ihre Freundin, um sie zu trösten. Aber das tröstete Judith überhaupt nicht. Sie hätte sich so gerne als Prinzessin verkleidet oder als Fee.

„Wie wär's denn mit einem Katzenkostüm oder einem Hasen?" schlug Mama vor. Aber Judith wollte nun schon gar nicht mehr zu der Feier gehen, denn sie hatte gehört, daß auch die Freunde von Konrads Schwester da sein würden.

„Ich glaube, du solltest ein bißchen mehr Mut haben", sagte Mama nur. Mitgehen und dabeibleiben konnte sie in diesem Falle ja nicht.

Judith lief in den Garten. Sie wollte jetzt überhaupt mit niemandem mehr reden. Davon wurde alles nur noch schlimmer. Sie war halt das arme Aschenputtel, das häßliche Entlein.

Sie lief und lief, und schließlich blieb sie stehen. Das war gerade unter einem Goldregenbusch. Ein Sommerwind kam und rüttelte an den Zweigen. Da ließ der Busch viele goldenen Blüten auf Judith fallen.

Ihr denkt jetzt sicher an einen Vers, nicht wahr? Und der fiel auch unserer Judith ein:

> Bäumchen, rüttle dich und schüttle dich,
> wirf Gold und Silber über mich.

Judith stand da im goldenen Regen, der sich wunderbar anfühlte. Wie ein goldener Mantel, der sie beschützte. Und war nicht auch aus dem Aschenputtel die Prinzessin geworden?

Als Judith ins Haus ging, war der goldene Mantel immer noch da. Mama brauchte nur noch ein hellblaues Kleid zu nähen und eine Krone aus Goldpapier zu basteln.

So eine strahlende Prinzessin hatte man lange nicht mehr auf einem Fest gesehen. Alle bemerkten es. Niemand wußte so recht, an was das lag. Aber Judith wußte es. Wenn ihr jetzt noch mal der Mut ausging, brauchte sie nur zu sagen:

> „Bäumchen, rüttle dich und schüttle dich,
> wirf Gold und Silber über mich."

Dann war der goldene Mantel wieder da. Ein richtiges Wunder war das.

Hinz und Kunz

„Jetzt darf ich wieder nicht die Fee spielen", jammerte Mia. „Das ist gemein."

„Ja, ja", knurrte Kunz. „Es gibt eben keine Gerechtigkeit mehr in der Welt."

„Das ist so gemein, so gemein", wiederholte Mia. „Dabei konnte ich den Text schon. Und jetzt kriegt die doofe Veronika die Rolle."

„Unbegreiflich, wirklich", jappte Kunz. „Du scheinst das Opfer einer Verschwörung geworden zu sein."

„Ja, genau", sagte Mia. „Die Veronika hat unsere Lehrerin so vollge-schleimt, daß sie ihr die Rolle gegeben hat. Wie es mir dabei geht, fragt keiner."

Kunz ließ seine Mundwinkel tief herunterhängen. Seine langen Ohren auch. Und seine großen, schwarzen Augen schauten tieftraurig und schläfrig in den Nachmittag. „Ob es wohl daran liegt, daß Veronika so schöne Haare hat?" gab er zu bedenken.

Mia griff unwillkürlich an ihre Haare, die kurzgeschnitten wurden, weil sie so dünn waren. „Kann schon sein", murmelte sie.

„Und singen kann Veronika im Endeffekt ja auch recht schön."

Kunz hatte so eine komische Art, die Worte zu zerhacken, als kaue er an einer Schuhsohle.

„Was heißt denn Endeffekt?" fragte Mia gereizt.

Kunz ließ die Mundwinkel noch tiefer runterhängen.

„Du tust mir ja so unendlich leid", maulte er. „Manche Menschen erkennen eben deine Vorzüge nicht."

„Ja, ja. Und tanzen kann sie auch besser. Wahrscheinlich findet die Leh-rerin meine Beine zu dick."

„Dafür kannst du ja nun wirklich nichts, du armes Ding", schlabberte Kunz und schleckte seiner Freundin übers Gesicht. Dann legte er seinen großen, alten Kopf wieder auf die Vorderpfoten und ließ Mia sich auf seinem Rücken ausweinen. Er hatte ja so ein dickes Fell und so viel Verständnis.

„Nie, nie werde ich im Leben eine schöne Rolle bekommen", sagte Mia schluchzend. „Ich kann gar nichts."

„Man kann einfach nichts machen", bestätigte Kunz mit einem Seufzer, der halb wie ein altes Bellen klang. Mia war froh, daß sie wenigstens einen hatte, der sie so voll und ganz verstand.

„Was ist los?" erklang da eine helle Stimme. „Wollt ihr am Nachmittag schon schlafengehen?"

„Sch-kch-tz", machte Kunz. „Mia ist traurig. Sie hat die Rolle bei der Schulaufführung nicht bekommen."

„Aber ja, natürlich hat sie sie bekommen. Sie spielt doch den Kobold." Hinz sprang vom Schrank herunter und setzte sich aufrecht vor die beiden hin.

„Ach Kobold. Was ist das schon." Kunz schüttelte mitleidig den Kopf.

„Na hör mal!" Hinz konnte sich richtig aufregen. „Der Kobold ist die beste Rolle im ganzen Stück. Er hat am meisten zu sagen, kommt überall vor und ist auch noch lustig."

„Ja, lustig! Laß mich bloß damit in Ruhe. Da müßte Mia ja ganz viel machen. Auf die Schönheit kommt es an." Kunz war sich fast zu schade für so eine läppische Diskussion mit Hinz. Aber Hinz ließ nicht locker.

„Schönheit? Das ist doch keine Kunst. Aber komisch sein, auf der Bühne Purzelbäume schlagen, dem Publikum die Zunge rausstrecken, dem Zauberer heimlich den Schlüssel aus der Tasche ziehen und der schönen Fee den Geheimgang zeigen, das nenne ich Kunst!

Dazu braucht man Begabung und Mut. Das Publikum wird rasen vor Begeisterung." Hinz war selbst so begeistert, daß er mit seinem buschigen Schwanz den Boden peitschte und mit seinen Vorderpfötchen wilde Bewegungen ausführte, so, als wolle er Fliegen fangen.

Mia hatte ihm mit wachsendem Erstaunen zugehört. Jetzt richtete sie sich auf, wischte sich die Tränen vom Gesicht und fragte:

„Ja, Hinz, glaubst du denn, daß ich das kann?"

„Was für eine Frage!" rief Hinz, sprang ein paarmal aufs Sofa und wieder runter und spielte dann mit den herabhängenden Bommeln.

„Wenn ich es kann, dann wirst du es ja schon lange können. Du bist begabt. Du kannst dir leicht Texte merken. Du bist sportlich. Purzelbäume sind deine Spezialität. Du hast ein lustiges Gesicht, und deine Augen sind fast so schön wie meine, richtige helle Katzenaugen."

Jetzt mußte Mia lachen. Sie schlug einen Purzelbaum und kam vor dem großen Spiegel an. Sie sprang auf und sah eine Mia, die herumhopste, Fratzen schnitt, Liedchen trällerte und immer wieder in Lachen ausbrach.

„Mein Kater hat recht", sagte sie. „Ich hab' das große Los gezogen. Jetzt brauche ich nur noch mutig zu sein. Dann kann ich singen und tanzen."

„Deine Lehrerin wird dir helfen. Die ist nämlich nicht gemein, sondern gescheit", sagte der Kater selbstgefällig und wollte sich die Pfoten lecken. Aber Mia ergriff ihn und tanzte mit ihm im Zimmer herum. „Ach, was bist du doch für ein kluges Tier, ein lustiges, kluges Tier."

„O mein Gott! Das wird ja was werden!" stöhnte Kunz in seiner Ecke. Aber Mia ließ sich keine Angst mehr einjagen, und niemand hörte mehr auf den alten Hund.

Immer wenn Mia ein Problem hatte, beredete sie es mit Hinz und Kunz. Meistens fing Kunz an und bestätigte Mia in der Vermutung, sie sei das Opfer böser Machenschaften. Aber Hinz ließ das nicht zu. Er war der

115

Meinung, das Leben sei ein großer Spaß und wer eine Maus haben wolle, der müsse sie sich eben fangen.

„Ängstlich hinterm Ofen zu warten, nützt nichts", miaute er mit einem spöttischen Seitenblick auf Kunz. Der konnte darüber nur den Kopf schütteln. Schon so manches Mal hatte er Hinz vom Schrank fallen sehen. Aber was er gar nicht verstehen konnte, war, daß dieser Kater dabei immer auf die Füße fiel.

Die machen sich jetzt ein anderes Kind

„Na, du bist ja immer noch da", sagte Frau Dostal und schloß die Tür zum Spielzimmer. Molly saß in der Garderobe auf dem Bänkchen und fummelte an ihrem Schuh herum. Am anderen Fuß hatte sie noch den Pantoffel.

„Alle andern Kinder sind ja schon längst nach Hause gegangen, und ich will jetzt auch zu Mittag essen." Die Erzieherin kniete sich hin und half Molly beim Schuhzubinden. Langsam schlich Molly zur Tür hinaus und an den Büschen entlang nach Hause. Jeden Tag war das jetzt so, und allmählich machte sich die Erzieherin Sorgen.

„Willst du auch ein Kind?" fragte Molly eines Mittags.

„Natürlich", sagte Frau Dostal. „Aber jetzt noch nicht."

„Könntest du nicht so lange mich nehmen?"

Frau Dostal stutzte. „Aber du hast doch schon eine Mama und einen Papa."

„Ne!" schrie Molly. „Die woll'n mich nicht mehr. Die machen sich jetzt ein anderes Kind." Molly krallte sich an Frau Dostal fest und heulte einen großen Fleck in ihren Rock. Die Erzieherin nahm sie auf den Schoß, und Molly erzählte ihr die ganze, ganze Geschichte. Da ließ Frau Dostal ihr Mittagessen Mittagessen sein und ging mit Molly nach Hause.

„Ja, was ist?" fragte Mollys Mama, als sie die Tür öffnete. Sie sah sehr müde und abgearbeitet aus. Darum klang ihre Stimme etwas scharf.

„Darf ich reinkommen?" fragte die Erzieherin.

„Na ja – ich bin grad am Kochen. Da müssen Sie halt mit in die Küche kommen."

Also gingen alle drei in die Küche.

„Molly ist in letzter Zeit ja immer ein bißchen spät nach Hause gekommen", begann Frau Dostal.

„Och, das hab' ich gar nicht bemerkt. Ich dachte, der Kindergarten sei erst dann aus…" Die Mutter tat die Nudeln ins kochende Wasser und rührte die Soße um.

„Molly glaubt nämlich, Papa und Mama hätten sie nicht mehr lieb."

Mollys Mama schaute erstaunt auf. „Was für ein Unsinn. Natürlich haben wir dich lieb, Molly!"

Molly glaubte es nicht. Die Mama fing an, den Salat zu waschen.

„Molly meint, weil sie die schöne Tasse kaputtgemacht und ihren Roller draußen vergessen hat, weil sie ihr Zimmer nicht aufgeräumt und ihre Zähne nicht geputzt hat und weil sie zu allem hin auch noch wüste Wörter geschrien und mit dem Fuß aufgestampft hat, darum könnten Sie sie nicht mehr leiden und würden sich nun ein anderes Kind machen."

Frau Dostal schwieg, Molly stand kreidebleich da, und Mama hörte auf, den Salat zu waschen. Langsam drehte sie sich um und schaute Molly nachdenklich an. Sie dachte daran, wie sie selbst einmal so ein kleines Mädchen gewesen war. Sie kniete sich zu ihrer Tochter nieder und umarmte sie. Auf einmal fühlte sie wieder die ganze Trauer und Angst, die

117

einen kleinen Menschen überfällt, wenn er glaubt, nicht mehr geliebt zu werden. Sie weinte, und Molly weinte auch.

Aber dann mußten alle drei plötzlich lachen, denn Molly hatte gerade gesagt: „He, dein Baby hat mich geschubst!"

„Ja", sagte Mama und rappelte sich hoch. „Das ist ein ordentlicher Strampler."

Zischend kochten die Nudeln über, und Mama stellte das Gas ab.

„Übrigens ist das nicht mein Baby, sondern unser Baby. Wenn ich es geboren habe, dann wird es *dein* Geschwisterchen sein. Und ich will dir sagen, es freut sich schon auf dich, denn es ist gut, eine ältere Schwester zu haben, die einen beschützt."

Molly schaute fragend zu Frau Dostal. „Ja, so ist das."

„Ist es denn ein Bruder oder eine Schwester?" fragte Molly jetzt schon neugierig.

„Das wird nicht verraten, denn es ist eine Überraschung", sagte Mama und machte ein Gesicht wie vor Weihnachten.

„Kannst du es nicht jetzt gleich geboren?"fragte Molly und hüpfte ungeduldig von einem Bein auf's andere.

„Ne, du", sagte Mama. „Es ist ja noch nicht fertig."

Molly sah Mamas Bauch an und fragte sich, was an dem Baby wohl noch nicht fertig sei. Dann seufzte sie. „Hach, was mach' ich bloß die ganze Zeit, bis es kommt?"

„Da weiß ich was", sagte Frau Dostal. „Du kannst deinem Geschwisterchen viele Bilder malen. Die tut dein Papa dann in schöne Rahmen und hängt sie über das Bettchen. Da weiß dein Baby gleich, daß du es erwartet hast. Und ein Mobile könnten wir auch machen."

„Wollen Sie nicht zum Essen bleiben?" fragte Mollys Mama. „Trotz allem wird es ja nun gleich fertig sein."

Nach etwa drei Wochen kam Molly ganz glücklich in den Kindergarten und sagte: „Ratet mal, was ich bekommen habe?"

„Rollschuhe? Eine neue Hose? Eine Kassette?"

„Viel besser", rief Molly. „Ein Baby! Es ist ein Junge und heißt Rudi. Und das ist jetzt immer, immer mein Bruder!"

Nach einer weiteren Woche durften alle Kindergartenkinder diesen Bruder bewundern. „So winzige Fingerchen. Du meine Güte!"

Manchmal hat Molly noch dieses traurige Angstgefühl gekriegt, aber dann konnte sie damit zu Mama oder Papa gehen und darüber reden.

Weiß der Himmel, woher Frau Dostal wußte, daß man sich nicht nur im Stillen lieben kann, sondern daß man es auch manchmal sagen muß: „Ich hab' dich lieb, ich hab' dich lieb!"

Hefekloß

In Christians Klasse gab es einen dicken Jungen. Walze sagten die anderen Kinder zu ihm oder Hefekloß oder sogar Fettsack. Alle hänselten ihn, niemand wollte mit ihm spielen. Christian beteiligte sich zwar nicht an den Hänseleien, aber auch er wollte nicht mit dem dicken Jungen zusammen nach Hause gehen, obwohl sie den gleichen Schulweg hatten. Er hatte nämlich Angst, daß ihn die anderen Kinder dann auch verspotten würden. Aber er schämte sich auch. Er schämte sich, weil der Hefekloß so dick war; er schämte sich, weil die anderen Kinder so gemein waren; und er schämte sich, weil er selbst so feige war und nichts dagegen sagte.

Eines Tages ging er auf die Auwiesen hinter seinem Haus. Es war Herbst und schönes Drachenwetter. Da sah er Hefekloß, der geschickt einen wunderschönen Kastendrachen fliegen ließ. Christian sah sich um, ob auch niemand anderes aus der Schule da war. Dann ging er zu Hefekloß und sagte: „He, einen schönen Drachen hast du."

Der dicke Junge sah Christian und freute sich. „Willst du ihn auch mal fliegen lassen?"

So beschäftigten sich die beiden Jungen eine Weile mit dem Drachen. Dann sagte der Dicke: „Jetzt muß ich nach Hause gehen und die Rechenaufgaben machen. Hast du deine schon?"

„Ne", sagte Christian. Er haßte rechnen und war darin ziemlich schlecht.

„Dann komm doch mit zu mir, und wir machen's zusammen."

Der Dicke sah Christian so erwartungsvoll an, daß er nicht nein sagen konnte. Zu Christians Erstaunen wohnte Hefekloß in derselben Straße wie er, nur einige Häuser weiter.

Dann saßen sie am Küchentisch, und Christian sagte: „Geteilt durch finde ich saublöd. Ich versteh's einfach nicht, und da mach ich auch keine Hausaufgaben. Hat doch keinen Sinn."

„Find' ich nicht", sagte Hefekloß und schlug das Heft auf.

„Weißt du, du darfst bloß nicht ‚geteilt durch vier' sagen. Da kann man sich ja nichts drunter vorstellen. Du mußt geteilt *in* vier sagen. Geteilt in Viererhäufchen. Also zwanzig kann man in fünf Viererhäufchen zerteilen. Das sieht man doch direkt vor sich."

Da fiel bei Christian fast hörbar der Groschen.

„Ach so!" rief er und hatte auf einmal Lust zum Rechnen. Er rechnete und rechnete einen ganzen Zettel voll.

Dann kam die Mutter des dicken Jungen von der Arbeit nach Hause. Sie hatte ihm lauter gute Sachen zum Essen mitgebracht. Kuchen und Hamburger und Chips und Bananen. Sie war eine sehr liebe Frau. Christian verstand, daß man da einfach nicht aufhören konnte zu essen.

„Ich glaube, Christian, jetzt mußt du heimgehen", sagte schließlich die Mutter. „Und komm doch mal wieder. Dein Freund hier ist immer so allein."

„Tschüß", sagte Hefekloß und schaute traurig drein.

Christian lief nach Hause, mit sehr gemischten Gefühlen.

„Ich kann jetzt teilen", sagte er zu seinem Vater.

„Was hast du denn geteilt? Und mit wem?" fragte der.

„Ich meine doch Rechnenteilen", sagte Christian.

„Ach so. Deswegen schaust du so traurig. Ich hab' mich schon gewundert." Der Vater sah seinen Sohn fragend an.

„Ne, deswegen nicht." Christian schwieg eine Weile. Dann sagte er: „Papa, zu wem würdest du stehen, zu einem oder zu allen anderen?"

„Mir wäre es am wichtigsten, daß ich vor mir selbst bestehen kann, wenn ich in den Spiegel schaue", sagte der Vater ganz ernst.

Christian lief ins Badezimmer und schaute in den Spiegel. Dort sah er einen sehr dünnen Jungen mit Sommersprossen und großen, ängstlichen Augen.

Am nächsten Tag schrieb der Lehrer einen Rechentest. Der dicke Junge hatte, wie fast immer, eine Eins. Christian hatte eine Zwei.

„Ja, Christian", sagte der Lehrer erfreut. „Bei dir hat's offenbar geschnackelt. Sonst hast du doch immer nur Fünfen geschrieben."

Da stand Christian auf und sagte zittrig, aber laut:

„Hefekloß hat es mir erklärt. Da hab ich's verstanden."

Einen Moment lang war es ganz still in der Klasse.

„Hefekloß?" fragte der Lehrer. „Wer ist denn das?"

Da brüllten alle los vor Lachen.

„Das bin ich", hörte man eine leise Stimme.

Der Lehrer drehte sich um. „Ach, du. Aber getauft bist du doch nicht so?"

„Nein, getauft bin ich Hannes."

„Dann wollen wir doch auch dabei bleiben, Hannes. Nicht wahr, Christian?"

Christian nickte.

„Streber, Streber", zischelte die Klasse. Christian wurde blaß und setzte sich hin.

Aber nach der Schule konnte jeder sehen, daß Christian mit Hannes nach Hause ging. Und am nächsten Tag kam er mit ihm zusammen in die Schule. Auch in der Pause waren sie zusammen und tauschten ihre Vesperbrote. Schularbeiten machten sie jetzt auch oft zusammen, und dann ließen sie Drachen steigen.

Zwei, drei Tage spotteten die Kinder noch über die zwei. Dann ging ihnen sozusagen das Pulver aus. Sie gewöhnten sich an das Freundespaar, und schließlich wurden der dünne Christian und der dicke Hannes ein Wahrzeichen der Klasse.

Einmal schaute Christian zufällig wieder in den Spiegel. Da sah er einen sehr dünnen Jungen mit Sommersprossen und lustigen tatkräftigen Augen. Er nickte ihm zufrieden zu.

Topinambur, die Zauberwurzel

In einem Wald, weit hinter den sieben Bergen, lebte einmal ein kleiner ängstlicher Hase. Er hörte auf den Namen Wuschel. Eigentlich ging es ihm gut, aber immer hatte er das Gefühl, daß alle anderen irgendwie gemein zu ihm seien oder zumindest blöd. Wo er doch gar nichts dafür konnte!

Hatte er sich zum Beispiel beim Wasserholen das Vorderbein verstaucht und konnte deshalb Molly, einem ganz kleinen Hasenmädchen, die Pfote nicht reichen, wenn sie über den kleinen Bach springen mußten, dann heulte Molly gleich los.

Wenn er im Kindergarten sein Kohlblatt auspackte und genüßlich zu knabbern begann, dann riefen die anderen Kinder „Kohlfresser, Kohlfresser" und versuchten, ihm das Kohlblatt wegzureißen. Zwar schlichtete die Erzieherin, Frau Dachs, jedesmal den Streit und gab Wuschel sein Blatt zurück. Aber wer will schon angeknabberte Blätter fressen?

Nachmittags kam zuweilen seine Freundin, die Ringeltaube, angeflogen, um mit ihm zu spielen. Wuschel sah zuerst den Schatten, den sie beim Fliegen machte. Dann versteckte er sich jedes Mal schnell, denn er fürchtete, es könnte ein Habicht sein. Das hatte er so gelernt. Die Ringeltaube war dann lange Zeit beleidigt. Da konnte doch Wuschel nichts dafür!

Am meisten wurmte es ihn, wenn seine Mama ihn am Morgen ausschimpfte, wenn er das Frühstückswasser nicht geholt hatte. Was konnte er denn dafür, wenn er wieder mal verschlafen hatte?

Allmählich sah Wuschel sich von lauter Feinden umgeben und wußte gar nicht mehr, was er machen sollte. Am liebsten wäre er einfach im Nest unter dem Ginsterbusch geblieben. Aber auch da gab es Probleme, denn Wuschel setzte sich oft auf den vorgewärmten Platz seiner älteren Schwester. Die mußte sich dann einen neuen anwärmen. Dafür gab sie ihm heimlich einen wohlgezielten Tritt, die Gemeine!

Schließlich sagte Mama Hase: „Junge, so geht's nicht weiter. Immerzu beklagst du dich. Immerzu bist du unglücklich. Und jetzt hast du so viel Angst, daß du gar nicht mehr aus dem Nest willst. Ach, ach, ach."

Frau Hase ging mit Wuschel zum Zwergendoktor. Der hieß Tausendjahr. Ob er wirklich tausend Jahre alt war, wußte niemand. Aber alt war er und hatte viel Erfahrung. Wuschel hatte etwas Angst vor ihm. Aber Doktor Tausendjahr hörte sich nur die ganze Geschichte an, die für Wuschel so unbegreiflich war. Schließlich sagte er:

„Ich habe da eine Wurzel. Sie heißt Topinambur. Kannst du das behalten: Topinambur?"

„Topinambur", sagte Wuschel und sah sich die Wurzel an.

„Die geb' ich dir mit", sagte der Zwergendoktor. „Jedesmal, wenn du dich ungerecht behandelt fühlst, kannst du in die Wurzel beißen und aufpassen, was dann passiert."

Wuschel schnupperte an der Wurzel und nahm sie dann in seine Pfote. Mama Hase bedankte sich.

Gleich am nächsten Morgen hatte Wuschel die Gelegenheit, Topinambur auszuprobieren. Er erwachte von dem Schimpfen seiner Mama: „Wieder kein Frühstückswasser da. Muß man denn hier alles alleine machen, du Siebenschläfer, du!"

Wuschel, noch halb in seiner Nestkuhle, biß in die Wurzel. Und auf einmal befand er sich in der Mama. Er fühlte, wie müde sie war, fühlte ihre abgearbeiteten Pfoten, die schon die Rüben geputzt, die Kinder gebürstet, das Nest aufgeräumt und den Vesperkohl geholt hatten. Er fühlte, wie einem da der Hasenrücken wehtun konnte.

Wuschels verstauchte Pfote tat immer noch ein bißchen weh. Deshalb hatte er ein kühles Blatt darum gewickelt. Als er mit Molly an den kleinen Bach kam, sah sie ihn ängstlich an und fing sofort an zu weinen. Das machte Wuschel wütend. Aber zum Glück dachte er daran, in die Wurzel zu beißen. Da fühlte er Mollys kleines, ängstliches Herz klopfen, und er dachte wie Molly, daß jemand, der einem keine helfende Pfote mehr reiche, einen wohl auch nicht mehr liebhabe.

Als im Kindergarten die Kohlfressergeschichte losging, biß Wuschel in seine Wurzel, statt in den Kohl. Da konnte er fühlen, wie die anderen Kinder ihn um sein schönes, saftiges Kohlblatt beneideten. Er fühlte in sich sogar eine Wut aufsteigen, eine Wut gegen diesen Wuschel, der den anderen da gemütlich sein fettes Kohlblatt vorkaute.

Und auch als die Ringeltaube am Nachmittag kam und vorwurfsvoll gurrend auf einem Ast saß, weil er sich wieder versteckt hatte, biß er in seine Topinamburwurzel. Da fühlte er, wie es ist, wenn ein Freund sich vor einem wie vor einem Feind versteckt. Er fühlte sich gekränkt.

Bevor Wuschel sich an diesem Abend auf den vorgewärmten Nestplatz seiner Schwester setzte, biß er wieder in die Wurzel. Er konnte nun fühlen, wie sich seine Schwester fühlte, wenn sie von der Wiese zurückkam und ihren gemütlichen Platz unterm Ginsterbusch besetzt vorfand. Eine Ungerechtigkeit war das.

Die Zauberwurzel Topinambur hatte also ihre Wirkung getan. Wuschel hatte etwas gefühlt, gesehen und gedacht, was er vorher noch nie gefühlt, gesehen und gedacht hatte. Er hatte immer nur an sich gedacht und sich gefühlt. Jetzt verstand er viel mehr und hatte darum viel weniger Angst. Und was glaubt Ihr wohl, was er in der nächsten Zeit gemacht hat?

Ja, das ist allen aufgefallen. Und wenn er danach gefragt wurde, sagte er: „Holt euch doch auch ‘ne Topinamburwurzel!“

Unerfindliche Ängste

Die überfluteten Kasematten

Ulf war bei Tante Gerti zu Besuch. Die sah fast wie Mama aus, denn sie war Mamas Schwester. Tante Gerti hatte den ganzen Tag mit Ulf im Garten gespielt, die Hasen gefüttert, den Hund ausgeführt und die Blumen begossen. Jetzt war es Abend, und Tante Gerti wollte Ulf ins Bett bringen. Sie ging mit ihm ins Badezimmer und ließ das Badewasser einlaufen. Da fing Ulf plötzlich ganz furchtbar an zu schreien.

„Was ist denn?" fragte Tante Gerti und kam zu ihm gelaufen. Ulf konnte vor Schreien nicht sprechen. Verzweifelt deutete er zur Badewanne. „Da, da…", brachte er mühsam heraus.

Tante Gerti verstand ihn nicht. Sie lief zur Wanne und stellte erst einmal das Wasser ab. Langsam beruhigte sich Ulf.

„Was war denn?" fragte Tante Gerti. Aber Ulf konnte es nicht sagen.

„Also, dann baden wir jetzt erst einmal", sagte Tante Gerti.

„Nein, nein, nein", schrie Ulf, als ob sie ihn ertränken wollte.

Also wusch Tante Gerti Ulfs Hände und Gesicht notdürftig mit dem Waschlappen, zog ihm seinen Schlafanzug an und setzte sich mit ihm zum Abendessen. Danach brachte sie ihn ins Bett, erzählte ihm noch eine Geschichte, und dann schlief er ein. Es lief alles bestens.

Am nächsten Tag holte Tante Gerti das aufblasbare Planschbecken aus dem Keller. Ulf half beim Aufblasen. Sie füllten es mit dem Gartenschlauch, und Ulf quiekte vor Vergnügen, als Tante Gerti mit ihm darin herumplanschte. Dann sprang auch noch der Hund Waldi dazu, und die Plöscherei wurde furios.

Es war wieder ein richtig schöner Sommertag. Aber auch schöne Tage gehen ja einmal zu Ende. Und als Tante Gerti das Badewasser einließ, ging wieder das furchtbare Geschrei los. Ulf schien dem Sterben nahe und beruhigte sich erst, als Tante Gerti den Wasserhahn zudrehte.

Nach dem Abendessen kuschelte sie sich zu Ulf ins Bett.

„Gestern habe ich dir eine Geschichte erzählt. Heute erzähl du mir mal eine", sagte sie.

„Welche denn?" fragte Ulf.

„Du bist ja nicht wasserscheu. Erzähl mir die Geschichte vom Wasser. Die wünsche ich mir", sagte Tante Gerti.

„Vom Wasser weiß ich keine", sagte Ulf. „Aber die von den Kasematten."

„Wow", sagte Tante Gerti. „Dann erzähl mir eben die."

„Da war einmal ein Prinz, der war noch ein kleiner Junge. Er wohnte in einer schönen Burg. Die gehörte aber ganz und gar ihm.

Es gab da auch einen Keller, eine Kasematte.

Eines Tages kam eine böse Königin, die sperrte den Prinzen in den Keller. Sie wollte ihm sein Königreich wegnehmen. Weil er ja nichts Böses getan hatte, konnte niemand ihn zum Tode verurteilen.

Aber da ließ die Königin den Fluß, der an der Burg vorbeifloß, in die Kasematten laufen. Er lief und lief, und das klang schaurig. Er lief bis an die Decke. Da ist dann der kleine Prinz ertrunken. Seitdem kann er kein Wasser mehr laufen hören, im Zimmer."

„Das kann ich verstehen", sagte Tante Gerti und hätte beinahe geweint. „Das ist eine sehr traurige Geschichte. Aber ich bin froh, daß du sie mir erzählt hast."

128

Tante Gerti blieb noch ein Weilchen bei Ulf im Bett. Da schlief der beruhigt ein.

„Evi", sagte Tante Gerti zu ihrer Schwester am Telefon. „Dein Sohn schreit immer so furchtbar, wenn ich das Badewasser einlaufen lassen will."

„Ach ja", sagte Ulfs Mama. „Das hab' ich vergessen, dir zu sagen. Da spinnt er ein bißchen. Keins der anderen Kinder hat das gemacht."

„Ich glaube nicht, daß er spinnt. Er hat Todesangst", sagte Gerti.

„Unsinn. Wovor soll er denn Angst haben? Sein Vater hat ihm alles genau erklärt, von der Wasserleitung, vom Wasserabfluß und von der Überlaufvorrichtung. "

„Darum geht es doch gar nicht. Vielleicht hat er mal was Schreckliches erlebt." Gerti erzählte Ulfs Mama die Geschichte von den überfluteten Kasematten.

„Unsinn", sagte Evi. „Das ist bloß wieder eins seiner Märchen. Er hat überhaupt noch nichts Schreckliches erlebt."

„Denk an Mama", sagte Gerti zu ihrer Schwester. „Die hat immer gesagt: Märchen drücken etwas aus, wofür es sonst keine Sprache gibt. Etwas vor allen Worten. Vielleicht hat Ulf ja zum Beispiel bei der Geburt Fruchtwasser geschluckt oder so etwas."

Am anderen Ende des Telefons war es still. Dann sagte Evi:

„Das war tatsächlich so. Man mußte ihm erst Mund und Nase absaugen, ehe er richtig atmen und schreien konnte. Was für eine kluge Mama wir doch hatten", setzte sie dann hinzu, denn sie wollte nicht gerne zugeben, daß diesmal ihre Schwester Gerti so klug gewesen war.

Aber dann sagte sie: „Du, ich bin froh, daß Ulf dich als Tante hat." Und das freute Gerti.

Da nun alle wußten, daß es an den überfluteten Kasematten lag, brauchte das Schauspiel nicht noch tausendmal wiederholt zu werden. Und langsam vergaß Ulf es, er vergaß seine Angst. Abends war das Badewasser immer schon in der Wanne, und bunte Entchen schwammen darauf. Das Ein- und Auslaufen geschah ohne ihn.

Später im Leben hatte er die Angewohnheit, laufende Wasserhähne zuzudrehen. „Man muß ja kein Wasser verschwenden", sagte er dann, oder: „Das Geräusch ist mir einfach unangenehm." Aber er erinnerte sich nur noch ganz dunkel daran, daß er als kleines Kind davor Angst gehabt hatte.

Manchmal ist es eben besser, eine Angst zu „vergessen", als sie sich abtrainieren zu wollen. Auch wenn manche da anderer Meinung sein sollten.

Der Brautschatz der Spinne

„Du wirst es nicht glauben", sagte Opa, „aber es gibt 35 000 verschiedene Arten von Spinnen."

„Ich dachte, es gibt nur eine, die eklige dicke auf unserem Flur", sagte Ebba. „Mama fängt sie und tut sie in den Garten. Dann wischt sie die Spinnweben weg. Aber die dicke Spinne kommt immer wieder und spinnt neue Weben. Gleich neben der Klotür. Ich geh' da gar nicht mehr hin, in die Ecke wo die ist. Da graule ich mich. Nie, nie könnte ich so 'ne Spinne anfassen."

„Das wird Frau Heinrich sein." Opa schien sich auszukennen. „Die hat so einen Flureckentick und kann Zugluft nicht leiden. Aber Frau Heinrich ist nun wirklich nur eine von Tausenden. Die, von der ich dir erzählen will, die ist aus einer ganz anderen Familie. Komm mal mit."

130

Ebba hatte keine große Lust, sich mit Spinnen abzugeben. Aber wenn Opa es unbedingt wollte, dann ging sie halt mal mit in den Garten.

„Sieh mal hier", sagte Opa jetzt und zeigte auf ein Spinnennetz im Rosenbusch. „Ist das nicht ein ganz wunderhübsches Netz? Die kleine Spinne da drüben hat es gemacht. Sie heißt Araneida und ist aus der Familie der Radnetzspinnen."

„Woher weißt du denn das?" fragte Ebba, ging aber nicht näher an das Netz heran.

„Ach", Opa winkte ab. „Ich kenne doch die ganze Geschichte. Araneida ist eine verzauberte kleine Weberin und möchte gerne den Sohn des Spinnenkönigs heiraten."

„Ach ne." Ebba betrachtete jetzt das possierliche Tierchen genauer. „Mit welchen Füßchen spinnt sie denn, und mit welchen webt sie?"

Die kleine Spinne krabbelte schnell an einen anderen Platz. Ebba erschrak und ging gleich einen Schritt zurück.

„Das weiß ich auch nicht so genau", sagte Opa. „Sie hat ja acht Beine. Ich glaube, mit den hinteren spinnt sie, und mit den vorderen webt sie. Sieh dir mal das Netz an. Da gibt es die langen Tragfäden bis da rüber an den andern Ast und hier und da. Dann webt sie einen Rahmenfaden und von dem aus die Speichenfäden. Die gehen wie bei einem Rad in die Mitte, die man Nabe nennt. Um die Nabe ist der Faden ganz eng gewebt, siehst du. Und dann kommt erst mal eine kleine freie Zone. Das ist bei allen Netzen so. Das solltest du mal nachprüfen."

Ebba verspürte aber auch keine große Lust, Spinnennetze nachzuprüfen. Was Opa sich dabei wohl dachte! Der fuhr aber unbeirrt in seiner Betrachtung fort:

„Ist sie soweit gekommen, dann spinnt und webt sie ihren Klebefaden rund und rundherum. Manchmal kehrt sie dabei auch um, wie hier zum Beispiel. Da entsteht dann so eine Umkehrstelle. Wahrscheinlich bekäme sie sonst einen Drehwurm, und ihr würde ganz schwindelig im Kopf. Aber bedenk doch mal, wie seidendünn diese Fäden sind, und sie halten doch das Netz über so eine lange Strecke."

Das fand auch Ebba erstaunlich.

„Wie ist das denn nun mit Araneida?" fragte sie. „Will die nicht erlöst werden?"

„Nein", antwortete Opa zu ihrem Erstaunen. „Sie möchte doch den Spinnenprinzen heiraten."

„Und?"

„Da gibt es nur ein Problem. Der Spinnenkönig hat zuerst gesagt, die kleine Spinne, die am besten spinnen könne und dazu auch dem Prinzen gefalle, die dürfe ihn heiraten."

„Aber?" fragte Ebba besorgt.

„Aber nun sagt er, nur eine Dame, die einen Brautschatz von fünfzig Brillanten mitbringe, könne den Prinzen heiraten und einmal Spinnenkönigin werden."

„Aber das geht doch nicht. Das ist doch gemein. Wo Araneida sich so Mühe gegeben hat mit dem Spinnen. Und hübsch ist sie auch. Wenigstens in den Augen des Spinnenprinzen, meine ich."

Mitleidig betrachtete Ebba nun die kleine Spinne.

„Können wir denn da gar nichts machen?"

„Ich wüßte nicht, wo ich fünfzig Brillanten herkriegen soll", sagte Opa. „Aber ich habe gehört, daß die Fee Morgendämmerung, die eine Patentante von Araneida ist, ihr heimlich Hilfe versprochen hat. Araneida müßte nur dafür sorgen, daß der Spinnenkönig vor Sonnenaufgang ihr Netz besuchen kommt. Und sie weiß nicht, wie sie das machen soll."

Ebba und Opa dachten nach. Dann sagte Ebba: „Vielleicht könnten wir dem Spinnenkönig Bescheid sagen?"

Opa fand, das sei eine gute Idee. Aber wie? Wer wußte, wo der wohnte?

Und nun kam Frau Heinrich wieder ins Spiel. Opa meinte nämlich, daß alte dicke Spinnen viel wüßten. Und ob Ebba nicht ein winzigkleines Spinnenbriefchen an seine Majestät, den Spinnenkönig, schreiben könnte. Sie könnte es Frau Heinrich in die Ecke legen. Die würde es dann bestimmt überbringen.

Da lief Ebba sofort ins Haus, setzte sich an ihr Tischchen und schrieb einen klitzekleinen Spinnenbrief:

„Sehr geehrter Herr König, liebe Majestät.

Es ist sehr wichtig. Können Sie bitte vor Sonnenaufgang am Netz der kleinen Araneida sein. Ihr Netz ist wirklich das schönste, und sie hat sich so Mühe gegeben. Sie ist eine süße kleine Spinne, und das mit dem Brautschatz geht in Ordnung. Bitte kommen Sie. Sie werden nicht enttäuscht sein. Und Euer Majestät sollten auch an das Glück Ihres Herrn Sohnes denken.

Ihre untertänige Ebba

PS. Opa läßt auch ergebenst grüßen."

So. Das war der leichtere Teil, obwohl das Schreiben recht lange gedauert hatte. Aber nun mußte Ebba in die Flurecke gehen und den Brief an Frau Heinrich übergeben. Sie machte das helle Licht an. Frau Heinrich verkroch sich in die dunkelste Ecke und tat so, als bemerke sie nichts.

„Du, Frau Heinrich", sagte Ebba. „Wir zwei mögen uns nicht. Das weiß ich. Aber nun ist es wirklich wichtig, daß du bitte diesen Brief dem Spinnenkönig bringst. Es ist wegen der kleinen Araneida, weißt du. Und du tätest uns allen wirklich einen großen Gefallen."

Die Spinne schien aufmerksam zuzuhören. Sie kam wieder ein wenig aus ihrer Ecke hervor. Ebba schien es, als mache sie ein freundliches Gesicht. Vorher hatte Ebba nie daran gedacht, daß Spinnen überhaupt ein Gesicht haben. Da schob sie das Briefchen mit einem Schwups in die Ecke, wo die Spinne saß, und machte das Licht wieder aus.

Natürlich wollten Opa und Ebba wissen, wie die Geschichte ausgehen würde. Darum beschlossen sie, am nächsten Morgen auch vor Sonnenaufgang am Netz der kleinen Araneida zu sein. Sie verrieten aber niemandem etwas davon. Opa weckte Ebba beizeiten, und beide schlichen in der Morgendämmerung in den Garten. Es war feucht und kalt. Dann fingen plötzlich alle Vögel auf einmal an zu singen und zu zwitschern, als wollten sie die Sonne herbeisingen und aller Welt guten Morgen sagen.

Und da kam sie auch schon, die Sonne. Ängstlich schaute Ebba sich nach der Fee um, die nirgends zu sehen war. Und dann fiel ihr Blick auf das Spinnennetz. Es strahlte, glitzerte und leuchtete, denn fünfzig Diamanten hingen daran, schön aufgereiht auf die zarten Fäden der kleinen Spinnerin.

In einiger Entfernung saßen ein paar große und kleine Spinnen. Sie schienen ebenso überrascht auf das wunderbare Schauspiel zu starren wie Ebba. Ob eine davon eine Krone aufhatte, konnte Ebba nicht erkennen. Die kleine Araneida saß mitten in ihrem Glanz, und Ebba hätte schwören können, daß sie sie lachen gehört habe.

Nach einer Weile legte Opa den Finger auf den Mund, und sie schlichen zurück in ihre Betten. Sie wollten ja das glückliche Liebespaar und die Hochzeitsgesellschaft nicht stören.

Beim Frühstück mußte Ebba allen von diesem geglückten Ereignis erzählen. Sie konnte gar nicht aufhören, von den Brillanten zu schwärmen, die die gute Patenfee gebracht hatte. „Und auch die häßliche alte Frau Heinrich war dabei ganz wichtig", sagte sie.

„Ich hätte nie gedacht, daß sie so nett sein kann. Da muß ich sie ja noch um Entschuldigung bitten."

Aber Frau Heinrich war mal wieder ausgezogen. Auch Araneida und ihr Netz waren nicht mehr da.

„Natürlich", sagte Ebba. „Die sind ja alle auf der Hochzeit. Eigentlich wäre ich auch gerne dabei gewesen."

Am nächsten Morgen fand Ebba auf ihrem Nachttisch ein winziges Päckchen. Mit einer komischen Krakelschrift stand darauf:

Vielen Dank. Das Päckchen war ein Rosenblatt, und in das Rosenblatt war ein goldener Ring mit einem kleinen Brillanten eingewickelt.

„Opa, Mama, Papa", schrie Ebba und sprang aus dem Bett. „Araneida hat mir einen Ring geschenkt."

Alle kamen angelaufen und bewunderten den Schatz.

„Meine Mutter hatte mal einen ganz ähnlichen Ring", sagte Mama und schaute Opa an. Der lächelte.

Der Ring war noch ein bißchen zu groß für Ebbas Finger. Darum trug sie ihn lange Zeit an einem Samtbändchen um den Hals.

Daß irgend jemand Angst vor Spinnen haben konnte, ja, daß sie selbst einmal so schlecht von Frau Heinrich gesprochen hatte, das war ihr jetzt ganz und gar unerklärlich.

Das Unbegreifliche

Es war einmal ein Mann, der hatte eine unbegreifliche Angst. Jeden Morgen, wenn er nicht mehr schlief, aber auch noch nicht richtig wach war, beschlich sie ihn. Er konnte gar nichts dagegen tun. Manchmal war es so schlimm, daß ihm übel wurde, wenn er aufstehen wollte, manchmal wollte er gar nicht erst aufstehen, denn er fürchtete sich vor allem. Vor was genau, wußte er nicht.

Die Angst hatte keinen Namen, keine Form oder Gestalt. Nur fühlen konnte er sie.

Wenn er ganz schnell aufwachte und kein Raum für dieses Zwischenstück zwischen Traum und Tag blieb, dann hatte auch die Angst keine Gelegenheit, sich seiner zu bemächtigen. Darum kaufte sich der Mann einen Hahn. Der weckte ihn pünktlich um sechs Uhr in der Frühe mit solchem Geschrei, daß er immer sofort aufstand. Er hielt den Hahn nämlich im Zimmer, machte ihm und sich selbst dann ein Frühstück und begann seinen Tag zufrieden.

Da ging es ihm eine Weile gut. Aber leider hatten seine Mitbewohner eine andere Einstellung zu Hähnen und ihrem durchdringenden Kikeriki in aller Herrgottsfrühe. Und so mußte der Mann denn seinen Hahn wieder abschaffen.

Dann kaufte er sich einen Wecker. Aber das war nicht das gleiche. Oft vergaß er ihn zu stellen oder machte ihn aus und schlief weiter.

Viele Menschen hätten ihm gerne geholfen.

„Wovor hast du denn Angst?" fragten sie. Aber der Mann wußte es nicht.

„Du warst doch im Kriegsgebiet, was hast du denn da erlebt?" fragten sie weiter. Aber auch davon wußte der Mann nichts mehr.

„Dann versuch doch mal, dich zu erinnern."

Aber der Mann sagte: „Wozu mich an so etwas erinnern? Das ist es doch wirklich nicht wert, daß man sich daran erinnert. Erinnern soll man sich nur an schöne Dinge."

„Aber du hast doch davor Angst", sagten die anderen.

Und der Mann erwiderte: „Ne, davor habe ich bestimmt keine Angst, denn das ist ja schon gewesen. Wie kann man vor der Vergangenheit Angst haben? Schon gar nicht, wenn man sich nicht mehr erinnert."

„Du willst dir einfach nicht helfen lassen", sagten die anderen ungehalten und gingen ihm aus dem Wege.

Aber der Mann wollte schon. Nur wußte er nicht, was ihm helfen könnte.

Eines Tages verliebte er sich in eine rundliche Frau mit einem Apfelgarten. Sie redeten viel und gingen zusammen spazieren. Und schließlich zog der Mann zu ihr in ihr kleines Apfelhäuschen.

Nun mußte es der Frau über kurz oder lang natürlich auch auffallen, daß den Mann des Morgens oft die Angst überfiel.

„Komm doch mal her, mein Lieber", sagte die Frau an einem solchen Morgen und brühte den Kaffee auf. „Setz dich zu mir und sag einmal, wie sieht sie denn aus, deine Angst?"

Darüber hatte der Mann noch nie nachgedacht.

„Wie, wie schwarzes Wasser über einem Sumpf", sagte er.

„Und wie hört sie sich an?" wollte die rundliche Frau wissen.

„Wie, wie schneidender Wind über einem vereisten Feld."

„Wie schmeckt sie denn?" fragte die Frau weiter. Und der Mann sagte: „Wie siebenmal gekochte graue Grütze."

Wie der Mann das sagte, wurde ihm ganz schlecht, und die Frau mußte ihm schnell ein Glas Quellwasser geben.

„Da wir nun schon mal dabei sind", sagte dann die rundliche Frau. „Wie riecht sie denn, deine Angst?"

Wieder mußte der Mann eine Weile nachdenken, um dem, was er roch, einen Namen zu geben. „Wie Karbol", sagte er dann, und das war ein Desinfektionsmittel.

„Oh, oh", die Frau schüttelte mitleidig den Kopf. „Und wie fühlt sie sich überhaupt an, die Angst?"

Das wußte der Mann ganz genau: „Wie eine Qualle, die sich über einen lagert. Man kann sie nicht fassen, aber sie droht einen zu ersticken." Der Mann schüttelte sich und bekam eine Gänsehaut.

Die Frau streichelte ihn.

Jetzt waren die Brötchen im Ofen fertig. Mit Butter und Honig schmeckten sie sehr gut zum frischen Kaffee. Der Mann langte tüchtig zu und vergaß seine Qualle.

Nach dem Frühstück gingen sie spazieren. Im Wald floß ein munterer Bach über helle Kieselsteine. Der Frühlingswind bewegte sanft die Blätter der Bäume, und die Vögel sangen. Sie pflückten einen großen Blumenstrauß, der roch nach tausend Kräutern.

Am Abend kuschelten sie sich unter das große karierte Daunenbett und schliefen friedlich ein.

Und morgens krähte wieder der Hahn. Der Mann setzte sich im Bett auf und hörte, wie die rundliche Frau sagte: „Aus schwarzem Wasser überm Sumpf wird ein heller Bach über Kieselsteinen.

Aus schneidendem Wind überm eisigen Feld wird sanftes Säuseln und Vogelgezwitscher.

Aus siebenmal gekochter grauer Grütze werden frische Brötchen mit Honig.

Aus Karbol wird würziger Kräuterduft.

Und die erstickende Qualle macht dem leichten Daunenbett Platz."

„Und einer rundlichen Frau", rief der Mann und lachte und lachte.

Der Mann wußte, daß das Unbegreifliche zu lange dagewesen war, um jemals wieder ganz zu verschwinden. Aber es tauchte nur noch sehr selten aus seinen Tiefen auf. Und wenn es das tat, dann sagte er, was die rundliche Frau ihn gelehrt hatte:

„Aus schwarzem Wasser überm Sumpf wird ein heller Bach über Kieselsteinen…"

Der Mond von Dummendorf

Es gibt ein Dorf, das liegt hinterm Mond, so weit, daß man sich gar nicht traut, seinen Namen zu nennen. Dummendorf könnte es heißen.

Dort, im alten Bürgerhaus, singt abends der Männerchor. „Der Mond ist aufgegangen" singt er und andere schöne Volkslieder.

Die Landfrauen treffen sich dort, um über Kleinviehhaltung und Frauenrechte zu diskutieren. Und vormittags spielen da die Kinder eines Kindergartens. Alles scheint in bester Ordnung.

Es wird Herbst und Winter, und in der Adventszeit wird im Kindergarten gebastelt, geschnitten und geklebt, bis die Fenster mit Monden und Sternen aus Goldpapier geschmückt sind.

„Schön sieht das aus", denkt die Nachbarin und bleibt vor dem Fenster stehen. Auch ein paar Burschen in flottem Lederzeug bleiben stehen.

„Hej, was soll denn der Türkenmond an unserm Bürgerhaus?" raunzt der eine.

„Der muß weg, aber 'n bißchen plötzlich", motzt ein anderer. „Bei uns haben Muselmänner nichts zu suchen." Die übrigen stimmen lautstark zu.

Die Nachbarin muß über so viel Dummheit lachen.

Einige Tage später gibt es am Abend einen Anruf im Rathaus. Es ist aber nur noch die Putzfrau da, und die hört jemanden ins Telefon sagen: „Die fiesen Türkenmonde und Türkensterne müssen sofort von dem Fenster im Bürgerhaus verschwinden. Sonst passiert was. Merken Sie sich das."

Die groteske Drohung wandert von der Putzfrau über den Ortsvorsteher, den Amtsleiter, den Bürgermeister zur Kriminalpolizei. Die sagt: „Das ist eine ernstzunehmende Drohung", und schickt einen Beamten zu den Kindergartenkindern. Die Erzieherin mag ihren Ohren nicht trauen, als sie hört, um was es geht. Sie weiß nicht, ob sie lachen oder weinen soll. Sie nimmt die Weihnachtsdekoration wieder vom Fenster, denn der Polizist fürchtet um die Sicherheit der Kinder.

Da geht der Mond über Dummendorf unter.

Die Kinder haben Angst vor etwas Unverständlichem, vage Bedrohlichem. Sie spüren, daß die Erwachsenen Angst haben und es auch nicht verstehen.

Wie soll die Erzieherin das den Kindern erklären? Wie soll man überhaupt jemandem erklären, daß man den Schmuck fürs Christfest entfernen muß, weil jemand die Halbmonde für Moslemschmuck hält? Und selbst das wäre ja kein Grund, böse Drohungen gegen Kinder auszu-

140

stoßen. Die Erzieherin weiß, daß die Kinder sie fragend ansehen. Sie wollen eine Erklärung für diese unverständliche Welt. Sie wollen Schutz.

Da erzählt die Erzieherin ihnen eine Geschichte, und die Kinder erzählen sie zu Hause. Und die zu Hause erzählen sie ihren Bekannten und Verwandten, und die erzählen sie an andere weiter.

Da geht der Mond über Dummendorf wieder auf.

Das heißt, eigentlich gehen viel mehr als hundert Monde auf, denn am nächsten Tag sind fast in allen Fenstern Halbmonde und Sterne zu sehen. Auch in der Polizei, im Rathaus und auf dem Arbeitsamt. Monde in allen Farben und Größen, denn dem Lädchen war das Goldpapier ausgegangen.

Die Geschichte der Erzieherin aber ging so:
Es war einmal ein kleines Dorf, das lag in einem tiefen Tal zwischen hohen Bergen, so daß es nachts immer sehr dunkel war. Gingen die Männer spät nach Hause, so stießen sie oft hier und da an oder zusammen, besonders wenn sie aus dem Wirtshaus kamen.

Vier Burschen aus diesem Dorf, die mit ihrer Zeit nichts anzufangen wußten, machten sich einmal auf den Weg über die Berge. Sie wollten sehen, wie andere Leute lebten und ob es da etwas zu holen gäbe.
Eines Abends kamen sie in ein Dorf. Die Nacht brach herein, aber es wurde nicht dunkel. Ein mildes Licht schien über die Straßen und in die Fenster der Häuser. Das verwunderte die Burschen sehr, und sie suchten nach der Ursache. Schließlich sahen sie den Mond. Der saß wie eine große Lampe im Apfelbaum und leuchtete freundlich über Gute und Böse.

„Ei, das wäre doch etwas für unser Dorf", sagte einer der Burschen. „Dann wäre es bei uns nachts nicht mehr so dunkel. Außerdem würden wir reich, denn jeder müßte uns einen Lichtzins zahlen."

Die drei anderen fanden das eine gute Idee. Als alle Menschen im Dorf schliefen, stiegen sie heimlich auf den Apfelbaum und stahlen den Mond.

In der ersten Nacht schafften sie es bis in die Berge. Dort verschliefen sie den ganzen Tag. Als sie erwachten und die Nacht hereinbrach, sahen sie ihren Mond zwar noch auf dem Berg liegen, aber er war kleiner geworden. Einer von ihnen mußte sich ein Viertel abgeschnitten haben, um es für sich zu behalten. Aber wer? Sie beäugten sich voller Mißtrauen und bewachten den Mond die ganze Nacht. Als es Tag wurde, waren sie aber so müde, daß sie einschliefen. In der nächsten Nacht, o Schreck, war der Mond nur noch halb so groß. Da wurden sie schon ziemlich wütend, und jeder versuchte herauszufinden, wo die zwei anderen ihre Stücke versteckt haben könnten.

„Solange hier nicht Ehrlichkeit herrscht, wird nicht weitergegangen", schimpfte einer. Im Stillen hatte er schon beschlossen, sich nun auch sein Viertel abzuschneiden. Den anderen ging es genauso.

Tatsächlich war am nächsten Abend nur noch ein Viertel des Mondes da. Nun war der Krach nicht mehr aufzuhalten.

„Wehe, ihr nehmt mir auch noch dieses Stück weg", schrie einer und ballte die Fäuste.

„Wieso dir?" fragte ein anderer böse. „Du hast dir deins ja schon abgeschnitten. Dies hier gehört mir."

„Ich hör' wohl nicht richtig!" schrie der dritte empört. „Ihr wollt euch also auf meine Kosten bereichern!"

Der vierte schlug gleich zu, und da entbrannte ein erbitterter Kampf um den Besitz des Mondes, dessen letztes Viertel gerade unterging.

Mehr tot als lebendig schlichen sich die Burschen in ihr Dorf zurück. Zuerst behaupteten sie, die Feinde hinter den Bergen hätten sie so zugerichtet. Von einer „Mondsichel" war die Rede. Aber so nach und nach kam doch die wahre Geschichte ans Licht, und das ganze Dorf lachte und lachte über die dummen, habgierigen Burschen, die gemeint hatten, sie könnten ein Himmelsgeschöpf stehlen und für sich allein zu Geld machen.

„Wenn ihr mal nicht so verschlafen seid, dann schaut da rauf", sagte eine alte Frau. Und tatsächlich, da lugte der freundliche Mond ein wenig über die Berge und lachte auch. Die Burschen waren nicht gut auf ihn zu sprechen.

Aber alle Frauen im Dorf hingen von nun an zur Winterszeit bunte Halbmonde und Sterne in ihre Fenster. Zur Erinnerung und gegen die Dummheit, die in Gewalt ausartet. Da wurde es im Dorf ganz hell und freundlich. Der Mond am Himmel aber zog weiter über die ganze Welt und schien für alle Menschen, auch wenn es manchmal so aussah, als säße er in einem Apfelbaum.

Geschichten für die Kinderseele

Volker Friebel
Schlüssel in kleine Hände
Phantasiereisen, Geschichten und Vorstellübungen
144 Seiten, gebunden
ISBN 3-451-26135-9

Mit seinen Geschichten und Phantasiereisen gibt Volker Friebel Kindern einen Schlüssel in die Hand, mit dem sie die Wohltat der Stille erspüren und eine Reise auf den Flügeln der Phantasie erleben können. Kinder lernen so intuitiv, mit den vielfältigen Anforderungen des Lebens umzugehen.

Linde von Keyserlingk
Geschichten für die Kinderseele
144 Seiten, gebunden
ISBN 3-451-23563-3

„Die vierzig Geschichten strahlen eine ganz eigene Ruhe und Wärme aus. In den Fabeln, Märchen und Alltagsgeschichten geht es immer um die Gefühle eines Menschen, meistens um die eines Kindes. Ein Vorlesebuch, das man besonders gern zur Hand nimmt." *BRIGITTE*

Linde von Keyserlingk
Da war es auf einmal so still
Vom Tod und Abschiednehmen
144 Seiten, gebunden
ISBN 3-451-26220-7

Die Konfrontation von Kindern mit Themen wie Verlust, Tod und Abschiednehmen läßt sich nicht vermeiden. Linde von Keyserlingk erzählt behutsam und ehrlich vom Abschiednehmen. Ihre Geschichten lassen Kindern Raum für eigene Gedanken und Trauer. So können sie tröstend helfen, ohne die Trauer zu verdrängen.

Linde von Keyserlingk
Neue Wurzeln für kleine Menschen
Von Trennungen und Neuanfängen
144 Seiten, gebunden
ISBN 3-451-26468-4

Wenn Eltern sich trennen, stehen Kinder diesem Geschehen meist hilflos gegenüber. In ihren behutsamen Geschichten führt Linde von Keyserlingk Kinder an solche schmerzhaften Momente heran und gibt ihnen Raum, das Geschehen zu verarbeiten und mit der neuen Situation umzugehen.

HERDER   **Im Buchhandel erhältlich!**